Marie Ehlers

Selbst Liebe

IN 50 CHECKLISTEN

INHALT

WIR BRAUCHEN ALLE MEHR SELBSTLIEBE

Für mich war der Weg zu einer stabilen Selbstliebe eine lange Reise. Einen großen Teil meines Lebens wollte ich es immer jeder Person recht machen und habe meinen Wert sehr von anderen abhängig gemacht. So oft wollte ich mich beweisen und habe nach Bestätigung im Außen gesucht, wobei ich meinen eigenen wunderbaren Weg völlig aus den Augen verloren habe. Irgendwann habe ich jedoch verstanden, dass es wichtig ist, dass ich zuallererst mich selbst sehe und höre, mich zuerst um meine Bedürfnisse kümmere, das Außen ausklammere und mich auf mein wertvolles Wesen fokussiere.

WARUM IST SELBSTLIEBE SO WICHTIG?

Sich zu lieben hat viele Vorteile: Wenn du die Selbstliebe in deinem Leben willkommen heißt, erlaubst du dir zu erkennen, dass du ein wertvolles Wesen bist, und zwar unabhängig davon, ob du gerade auf der Welle des Erfolgs schwimmst oder eine schwere Zeit durchmachst. Du weißt tief im Inneren, dass du einen grundlegenden Wert hast, der nicht verhandelbar ist – einen Wert, der ganz allein durch dein Sein geprägt ist.

Wenn du dir eine gute Portion an Selbstliebe entgegenbringen kannst, fällt es dir überdies leichter, dich auch dann als wertvoll anzuerkennen, wenn du Fehler machst und Dinge anders laufen als geplant. Zurückweisungen und andere unschöne Situationen lassen dich nicht mit dem Gefühl zurück, nicht liebenswert zu sein. Zudem erkennst du, dass du den Dingen nicht einfach ausgeliefert bist.

Denn indem du mit mildem Auge auf dich blickst, kommst du gar nicht erst in die Versuchung, dich selbst in eine Opferrolle zu manövrieren und wie in Schockstarre dein Leben an dir vorbeiziehen zu lassen. Du bist nämlich handlungsfähig und hast immer Möglichkeiten. Manchmal bedeutet es, dass du die Wahl hast, und manchmal bedeutet es, dass du deine Perspektive hinterfragen darfst – zu deinem eigenen Schutz.

WAS HINDERT DICH BISHER DARAN, DICH SELBST ZU LIEBEN?

Wir alle haben Zeiten, in denen es uns schwerer fällt, uns selbst zu lieben. Vielleicht denken wir, wir könnten uns nur gut um andere kümmern, wenn wir unsere Bedürfnisse erst beachten, wenn es allen anderen um uns herum gut geht. Aber wie kannst du erwarten, für andere gut da zu sein, wenn du nicht genug Kraft hast, weil du für dich selbst nicht da bist?

Oft schaffen wir es zudem nicht, mitfühlend mit uns selbst zu sein und uns mit Geduld zu begegnen. Manchmal streben wir auch nach materiellen Dingen, in der Hoffnung, dadurch dieses innere Gefühl von Frieden zu spüren. Dabei ist dieses Gefühl nur durch den Fokus auf uns selbst zu erreichen. Dazu müssen wir uns mit uns verbinden, müssen nach innen blicken. Das kann nicht geschehen, wenn wir mit unseren Gedanken im Außen sind: Wenn wir uns immer wieder mit anderen vergleichen, wenn wir es eher anderen recht machen wollen als uns selbst und wenn wir zu viel Wert darauf legen, was andere von uns denken, blockieren wir unsere Liebe zu uns selbst.

DU KANNST LERNEN, DICH SELBST ZU LIEBEN

Auf den folgenden Seiten will ich dir Wege aufzeigen, wie du Selbstliebe »lernen« kannst. Das geht sicher nicht von heute auf morgen. Es wird

Tage geben, an denen es besser klappt, und Tage, an denen du vielleicht in alte Muster zurückfällst. Gib dir Zeit. Nimm dir Zeit! Wie heißt es so schön: Rom wurde auch nicht an einem Tag erbaut. Und sieh dir die Stadt heute an! Wie sie von innen heraus strahlt und all ihre Anteile harmonisch vereint – seien es halb zerfallene antike Stätten oder glänzende neue Gebäude. Deine Fehler und deine Rückschläge gehören genauso zu dir wie deine Fortschritte. Mit diesem Buch soll ein Raum geschaffen werden, in dem es nur um dich geht. Denn vergiss nicht, du bist die Expertin für dein Leben, niemand kennt dich so gut, wie du es tust. Nun ist es an der Zeit, dass du dich wieder mit deinem Inneren verbindest und auf deine innere Weisheit hörst. Du kannst selbstbestimmt leben und es dir auch leicht und angenehm machen.

BEGINNE JETZT!

Es ist nie zu spät, sich selbst zu lieben. Du kannst jederzeit damit beginnen. Und dabei geht es überhaupt nicht darum, alles verändern zu wollen. Schon kleine Gewohnheiten, die du in deinen Alltag einbaust, können Großes bewirken und werden dein Leben verändern.

Schau doch mal auf die letzten Phasen deines Lebens zurück. Hast du dein Leben so gelebt, wie du es dir wünschst? Wenn ja: Gratulation! Falls nicht, ist es jetzt an der Zeit, etwas zu ändern. Unser Leben ist nämlich keine Generalprobe und du darfst JETZT beginnen, dein Leben so richtig zu feiern. Warte nicht auf morgen, um dich zu verwirklichen, tu es jetzt. Beginne heute damit, das Leben zu kreieren, das du so gern leben möchtest. Fülle dein Leben mit all dem, was dich stärkt. Mit allem, was dir Leichtigkeit schenkt. Mit vielen Momenten, die dich so zum Lachen bringen, dass dein Bauch wehtut. Und vor allem: Fülle dein Leben mit der Liebe zu dir selbst – das darfst du dir wert sein.

ANLEITUNG ZUR SELBSTLIEBE IN 50 CHECKLISTEN

Mit diesem Buch möchte ich dich an die Hand nehmen und mit dir gemeinsam in Richtung Selbstliebe gehen, damit du dich von innen stärken kannst. Wir alle haben es verdient, uns selbst mit Wertschätzung zu begegnen, und wenn du dich mit der Hilfe dieses Buches für dein wunderbares Wesen öffnest, kommst du diesem Ziel schon deutlich näher. Lies dir die Checklisten ganz in Ruhe durch. Nimm dir die Zeit, jeden einzelnen Punkt auf dich wirken zu lassen und wertfrei zu reflektieren, wo du in Bezug darauf stehst. Einige Checklisten sind zum Ankreuzen, manche darfst du selbst ausfüllen und andere sind dafür da, um dir einen gedanklichen Stupser zu geben. Wieder andere beinhalten einen wunderbaren Perspektivenwechsel, indem sie solche Dinge gegenüberstellen, die deiner Selbstliebe im Weg stehen könnten, und jene, die du stattdessen einmal ausprobieren könntest. Alle Checklisten in diesem Buch eint, dass sie sich mit der Liebe zu dir selbst befassen. Markiere dir für dich wichtige Punkte, notiere dir Dinge, die dich berühren. Nutze die Zeilen, die dir in diesem Buch zur Verfügung stehen. Manchmal klärt sich der Geist besser, wenn man die Dinge aufschreibt, die einen bewegen, anstatt sie nur gedanklich zu reflektieren.

Setze dich nicht unter Druck und widme dich deiner Selbstliebe in deinem ganz eigenen Tempo. Du entscheidest, wo es für dich langgeht und wie schnell du unterwegs bist. Dies ist dein Leben und du darfst es mit all den Dingen füllen, die dir Freude bereiten und dir ein gutes Fundament schaffen, damit du voller Vertrauen und Liebe leben kannst.

Jeder Weg ist ganz individuell, hab Vertrauen in deine Reise.

KAPITEL 1: DAS 1×1 DER SELBSTLIEBE

CHECKLISTE 1

WAS IST SELBSTLIEBE?

Da es in der Praxis oftmals nicht so leicht ist, sich selbst Liebe zu schenken, kommen hier ein paar Beispiele dafür, was Selbstliebe alles sein kann.

Selbstliebe bedeutet …

- zu erkennen, dass du geboren wurdest, um du zu sein.
- dich so anzunehmen, wie du bist.
- freundlich zu dir zu sein.
- nachsichtig mit dir zu sein.
- dir mit Geduld und Selbstmitgefühl zu begegnen.
- dir deine beste Freundin zu sein.
- dir selbst und anderen zu verzeihen.
- zu erkennen, dass du immer gut genug bist.

DEIN ERSTER SCHRITT ZU MEHR SELBSTLIEBE

Bravo! Du bist den ersten Schritt in Richtung mehr Selbstliebe in deinem Leben gegangen. Vielleicht lebst und fühlst du ein paar der Punkte aus der Checkliste schon längst. Vielleicht empfindest du manches aber noch nicht als Teil deiner Realität. Dann überleg dir doch jetzt, wie du das ändern könntest. Dafür gibt es unterschiedliche Wege:

- Stell dir vor, wie es sich anfühlen würde und was du tun würdest, wenn du schon so leben würdest. Nimm dir Zeit dafür. Beziehe dabei all deine Sinne mit ein: Wie sieht dein Leben aus? Was genau tust du? Wie schmeckt und riecht dein Alltag? Welche Worte oder Sätze kommen dir spontan in den Sinn, um dein Leben zu beschreiben?
- Schreibe dir einen oder zwei der Punkte aus der Checkliste auf ein Stück Papier und hänge es gut sichtbar in deiner Wohnung auf.
- Picke dir einen der Punkte heraus und mache ihn zu deiner täglichen Affirmation, etwa: »Ich erkenne, dass ich immer gut genug bin.«

CHECKLISTE 2

WARUM DIR SELBSTLIEBE VIELLEICHT OFT SCHWERFÄLLT

Selbstliebe kann sich wie ein Hindernislauf anfühlen: Während du die eine Hürde geschickt überwindest, wirst du bereits von der nächsten harsch zu Boden geworfen. Doch warum ist das so?

- Weil du nicht gelernt hast, dich selbst zu lieben.
- Weil du den Blick zu sehr auf deine Ecken und Kanten richtest und dir deine Fehler immer wieder vor Augen führst.
- Weil dir von deinem Umfeld eingeredet wird, dass du egoistisch seist, wenn du dich um dich selbst kümmerst.
- Weil du in bestimmten Situationen in dein kindliches Ich zurückfällst und dich kleiner fühlst, als du tatsächlich bist.
- Weil du dich zu sehr an anderen, vermeintlich perfekten Menschen misst – Stichwort soziale Medien.
- Weil du zu sehr danach handelst, dass dich Fremde gut finden, anstatt im Einklang mit deinen Bedürfnissen zu agieren.
- Weil deine Erwartungshaltung an dich selbst zu hoch ist und du so andauernd in den Enttäuschungsmodus schlitterst.

HINDERNISSE SIND KEIN HINDERUNGSGRUND

Starten wir mit der guten Nachricht: Uns selbst zu lieben ist für uns alle möglich. Uns wird eine große Portion Selbstakzeptanz in die Wiege gelegt, aus der die schönste eigene Liebesgeschichte werden kann. Vielen von uns wird die Selbstliebe allerdings bereits in der Kindheit wieder abtrainiert, sei es weil wir von unseren Eltern nicht bedingungslos geliebt werden oder weil wir bereits früh von gesellschaftlichen Idealen beeinflusst werden. All das lässt unsere Selbstliebe mit den Jahren schrumpfen.

Doch was schrumpfen kann, kann auch wieder wachsen. Selbstliebe ist eine Einstellung, die wir wieder erlernen können. Jeden Tag neu. Und genau damit fangen wir jetzt an!

Das ist das größte Geschenk, das du dir heute, morgen, übermorgen … und für den Rest deines Lebens machen kannst.

Tipp von mir:

Wenn du dich selbst liebst und heilst, heilst du auch deine Umgebung

CHECKLISTE 3

WAS SICH VERÄNDERN KANN, WENN DU DICH SELBST LIEBST

Wir erleben die Welt geleitet von unserer Einstellung und unseren Erfahrungen. Wenn wir uns Selbstliebe entgegenbringen, ändert sich beides zum Positiven. Doch was geschieht konkret, wenn du dich selbst liebst?

- ✔ Du wirst nicht mehr so streng mit dir sein, weil du erkennst, dass Fehler ein wichtiger Bestandteil deines Wachstums sind.
- ✔ Du erlaubst dir, endlich Grenzen zu setzen, die dir guttun.
- ✔ Du verspürst immer weniger das Bedürfnis, dich und dein Handeln zu rechtfertigen, weil du dich selbst akzeptierst, wie du bist.
- ✔ Du wächst in eine positive Verantwortung für dich selbst hinein.
- ✔ Deine Beziehungen werden sich verändern, da du anderen in der Tiefe begegnen kannst, wie du dir selbst begegnest.
- ✔ Du hältst dich nicht weiter klein, sondern richtest dich zu deiner vollen Größe auf.
- ✔ Du bewertest dich selbst nicht mehr so stark – und dadurch auch andere nicht.
- ✔ Du bist weniger einsam, da andere Menschen sich in deiner Gesellschaft wohlfühlen.
- ✔ Du öffnest dich für dein Leben und heißt die Fülle dankbar willkommen.

WIE SICH MEINE WELT VERÄNDERT HAT

Als ich mich zu lieben begann, lernte ich, ganz bei *mir* zu bleiben.

Als ich mich zu lieben begann, lernte ich, Grenzen zu setzen, und erkannte, dass ich das nicht gegen andere tue, sondern für mich.

Als ich mich zu lieben begann, lernte ich, dass Menschen, die meine Grenzen nicht wahren, ihren Platz für Menschen freimachen dürfen, die mir wertschätzend entgegentreten.

Als ich mich zu lieben begann, erkannte ich, dass ich ganz allein für mein Leben und meine Zufriedenheit verantwortlich bin.

Als ich mich zu lieben begann, erkannte ich, dass ich allein entscheiden kann, wie ich auf Situationen reagiere.

Als ich mich zu lieben begann, erkannte ich, dass ich viel mehr bin, als ich jemals dachte. Ich erkannte, dass ich gut genug bin. Immer!

Als ich mich zu lieben begann, erkannte ich, dass es wichtig ist, Fehler zu machen.

Als ich mich zu lieben begann, erkannte ich, dass ich mein Sein zelebrieren darf. Jede. Einzelne. Facette. Meines. Wesens.

CHECKLISTE 4

SELBSTLIEBE TO GO

Bevor wir Schritt für Schritt in die Tiefe gehen, möchte ich dir hier ein wenig »Selbstliebe to go« mitgeben. Das ist quasi das Fundament, auf dem deine Selbstliebe von nun an wachsen darf.

- Du bist genau richtig, so wie du bist! Vergleiche dich nicht mit anderen und bleibe ganz bei dir.
- Du bist einzigartig! Stärke dich mit wohltuenden Sätzen.
- Deine Bedürfnisse sind wichtig! Was braucht deine Seele, um glücklich zu sein?
- Du bist wertvoll! Ehre deine Stärken und akzeptiere deine Schwächen.
- Perfekt gibt es nicht! Verzeih dir deine Fehler.
- Du bist stark! Was kannst du gut? Was magst du an dir? Schreibe direkt drei Dinge auf.

1. ____________________
2. ____________________
3. ____________________

ÜBUNG

LOS GEHT'S MIT DER SELBSTLIEBE!

Nimm dir direkt einen Stift und suche dir den Punkt auf der Checkliste aus, der dich am meisten anspricht. Notiere dir auf den folgenden Zeilen alles, was dir dazu einfällt, was dir wichtig erscheint und worüber du dir klar werden willst …

Lass es wirklich einfach fließen, ohne zu lange darüber zu grübeln.

PS: Bitte mach es wirklich! Dann hast du am meisten von diesem Buch.

Liebe dich selbst,
und du veränderst
damit deine
ganze Welt.

KAPITEL 2: LERNE DICH RICHTIG KENNEN

CHECKLISTE 5

HATTEST DU GUTE STARTBEDINGUNGEN IM LEBEN?

Die Rolle, die wir in unserem Leben einnehmen, manifestiert sich oft schon in der Kindheit. Wie sah deine Kindheit aus? Welchen der folgenden Aussagen kannst du am ehesten zustimmen?

☺	☹
☐ Du hast erfahren, dass du liebenswert bist, so wie du bist.	☐ Du wurdest oft gemaßregelt und mit Liebesentzug bestraft.
☐ Deine Grenzen wurden gewahrt.	☐ Dir wurde oft gesagt, dass du dich nicht so anstellen sollst.
☐ Du durftest alle Gefühle ausdrücken und sie wurden liebevoll begleitet.	☐ Insbesondere negativ behaftete Gefühle wie Wut oder Trauer musstest du oft unterdrücken.
☐ Du durftest lernen, dass du deinen eigenen autonomen Weg gehen darfst.	☐ Deine Bezugspersonen haben dir vorgeschrieben, was du zu tun hast.
☐ Du durftest lernen, deine Bedürfnisse zu stillen.	☐ Es wurde nicht genügend auf deine Bedürfnisse geachtet.

ES IST NIE ZU SPÄT FÜR EINE GLÜCKLICHE KINDHEIT

Vielleicht hast du nur ein einziges Kreuz auf der rechten Seite der Checkliste gesetzt, vielleicht musstest du hier viele Kreuzchen setzen. Bedenke: Du bist heute in der Lage, deine alten Wunden zu heilen und dich selbst noch mal ganz neu zu erfinden. Auch wenn deine nahen Bezugspersonen nicht in der Lage waren, dich so zu lieben und anzunehmen, wie du es dir gewünscht hättest – sei dir heute selbst deine nächste Bezugsperson und erfüll dir all diese Bedürfnisse.

Dafür ist es wichtig, dass du erkennst, dass deine Eltern manchmal aus ihrem eigenen Schmerz heraus gehandelt haben, dass sie selbst noch in ihrem Heilungsprozess verstrickt waren und das getan haben, was ihnen zu dem Zeitpunkt möglich war. Diese Erkenntnis kann dir dabei helfen, Frieden in dein Herz einziehen zu lassen.

CHECKLISTE 6

WARUM DU NACHSICHTIG MIT DIR SEIN DARFST

Vielleicht hat dir der Blick in die Vergangenheit dabei geholfen, dich besser zu verstehen. Und vielleicht helfen dir die Einsichten in dieser Checkliste dabei, dir selbst von nun an liebevoll zu begegnen.

- Wenn du dich als Kind verbiegen musstest, um geliebt zu werden, ist es nicht verwunderlich, wenn du heute denkst, dass du nicht gut bist, so wie du bist.
- Wenn deine Bezugspersonen Schwierigkeiten hatten, ihre eigenen Bedürfnisse zu stillen, ist es nicht verwunderlich, wenn du heute denkst, dass die Bedürfnisse anderer wichtiger sind als deine.
- Wenn du in einem Haushalt aufgewachsen bist, in dem du völlig untergegangen bist, ist es nicht verwunderlich, wenn du heute das Gefühl hast, nicht gesehen zu werden.
- Wenn dir nie genügend Geborgenheit und Fürsorge entgegengebracht wurden, ist es nicht verwunderlich, wenn du heute denkst, dass du nicht liebenswert bist.
- Wenn deine Bezugspersonen sehr kritisch waren, ist es nicht verwunderlich, wenn es dir heute schwerfällt, liebevoll mit dir selbst zu sprechen.

- Wenn dir nie erlaubt wurde, »Nein« zu sagen, ist es nicht verwunderlich, wenn es dir heute schwerfällt, deine Grenzen zu setzen und diese auch einzuhalten.
- Wenn dir deine Bezugspersonen nicht ermöglicht haben, deine Gefühle zu fühlen und sie zu akzeptieren, ist es nicht verwunderlich, wenn du heute einen negativen Zugang zu deinen Gefühlen hast.
- Wenn deine Bezugspersonen dir Aufmerksamkeit und Liebe entzogen haben, wenn du etwas nicht nach ihren Vorstellungen gemacht hast, ist es nicht verwunderlich, wenn du es heute allen recht machen möchtest und deine eigenen Bedürfnisse hintanstellst.

Tipp von mir:

Wenn du dir heute mit einer großen Portion an Selbstliebe begegnest, kannst du all dies für dich verändern.

CHECKLISTE 7

WAS BRAUCHT DEIN INNERES KIND?

Um alte Wunden zu heilen und ihren Einfluss auf unser heutiges Wohlbefinden zu verändern, können wir Kontakt aufnehmen zu dem kleinen Kind, das in uns lebt. Frage dich: Was braucht dein inneres Kind gerade? Kreuze an.

- ☐ Klarheit? Führe Tagebuch aus der Sicht deines inneren Kindes. Dies kann dir zu mehr Klarheit verhelfen.
- ☐ Optimismus? Schreibe deinem inneren Kind einen Brief aus der Sicht deines heutigen Ichs und schenke ihm all das, was es braucht.
- ☐ Freude? Suche innerlich noch mal Momente auf, an denen du wahre Freude als Kind erfahren hast, und verinnerliche diese Gefühle.
- ☐ Akzeptanz? Zeige deinem inneren Kind, wie es schwierige Gefühle regulieren kann, und bringe ihm bei, einen neuen, ganz neutralen Zugang zu erlangen.
- ☐ Sicherheit? Vermittle deinem inneren Kind ein tiefes Gefühl von Sicherheit und zeig ihm, dass du immer an seiner Seite sein wirst.

ÜBUNG

VERBINDE DICH MIT DEINEM INNEREN KIND

Begib dich für diese Übung an einen ruhigen Ort und atme zunächst ein paarmal tief ein und aus. Lege deine Hand auf dein Herz.

Nun versetze dich zurück in deine Kindheit und stell dir vor, wie du als dein kindliches Ich in deinem Zimmer auf dem Fußboden sitzt. Wie wirkt das Kind? Was braucht es? Braucht es Aufmerksamkeit? Braucht es Geborgenheit? Braucht es Nähe und Leichtigkeit?

Setze dich zu deinem kindlichen Ich. Beobachte, was passiert. Wie reagiert dein kindliches Ich auf dich? Lächelt es dir zu? Ist es ängstlich?

Nimm dein kindliches Ich in den Arm und sage ihm all die Dinge, die es braucht: »Ich werde immer bei dir sein. Ich sehe und höre dich. Du bist gut, so wie du bist. Ich liebe dich.«

Wann immer du nun das Gefühl hast, dass dein inneres Kind laut wird und ein Bedürfnis gestillt werden darf, kannst du dich mit dem Kind verbinden und ihm all das geben, was es sich so sehnlichst wünscht.

CHECKLISTE 8

ERKENNE DEINE GLAUBENSSÄTZE

Glaubenssätze sind Annahmen über uns, die sich oft in der Kindheit festgesetzt haben. Welche Glaubenssätze hast du? Kreuze an oder ergänze, falls dein Glaubenssatz nicht in der Checkliste enthalten ist.

- ☐ »Ich bin nicht liebenswert.«
- ☐ »Ich bin eine Last für andere Menschen.«
- ☐ »Ich muss etwas leisten, um wertvoll zu sein.«
- ☐ »Ich darf nicht auffallen.«
- ☐ »Ich bin zu viel.«
- ☐ »Ich muss meine Bedürfnisse hintenanstellen.«
- ☐ »Ich muss stark sein und darf nicht weinen.«
- ☐ »Ich bin nicht richtig, so wie ich bin.«
- ☐ »Ich bin nicht genug.«
- ☐ ______________________________
- ☐ ______________________________
- ☐ ______________________________

GEDANKEN SCHAFFEN REALITÄT

Wie so viele Menschen bin auch ich viel zu lange mit angezogener Handbremse durch das Leben gegangen, da ich immer den quersitzenden Glaubenssatz »Ich bin nicht gut genug« in mir trug und mich damit so unglaublich kleingehalten habe.

Durch meine Erkrankung und die Erinnerung an meine eigene Endlichkeit kam ich in meine Kraft, verlor einige blockierende Ängste und fing an, an mich zu glauben. »Es könnte ja gut werden« war nun ein neuer Leitsatz – und selbst wenn es nicht so sein sollte, habe ich es dann zumindest ausprobiert. Und siehe da, plötzlich öffneten sich Türen und Möglichkeiten boten sich an, von denen ich bis dahin nur geträumt hatte.

Das hier ist dein Leben. Kostest du es schon aus, so wie du es tief im Inneren möchtest?

CHECKLISTE 9

ÜBERPRÜFE DEN SINN DEINER GLAUBENSSÄTZE

Nun, da du deine eigenen limitierenden Glaubenssätze kennst, kannst du ihrem Ursprung einmal auf den Grund gehen. Beantworte die Fragen in dieser Checkliste, um deine Glaubenssätze zu reflektieren.

Woher kommen deine Glaubenssätze?

Helfen dir deine Glaubenssätze dabei, deinen Weg zu gehen?

Halten dich deine Glaubenssätze eher klein?

In welchen Situationen glaubst du, nicht zu genügen?

DIE KRAFT EINES GEDANKENTAGEBUCHS

Positive wie negative Glaubenssätze haben einen ganz entscheidenden Einfluss auf unser Leben. Wenn wir uns kleinhalten, können wir unsere Gaben nicht erkennen, um in unsere volle Kraft zu kommen. Deshalb ist es wichtig, dass du lernst, wie du deine festsitzenden Glaubenssätze hinterfragen und lockern kannst.

Ein Gedankentagebuch kann dir dabei helfen, den Glaubenssätzen einen Strich durch die Rechnung zu machen, die dir das Leben erschweren. Wenn du deine Gedanken aufschreibst, kannst du sie leichter erkennen und transformieren. Dafür schnapp dir einfach ein kleines Blankobüchlein und lasse dort deinen Gedanken freien Lauf.

Tipp von mir:

Schreibe deine Gedanken auf, um sie aus deinem Kopf herauszuholen. Manchmal kommst du so zu den wertvollsten Erkenntnissen.

CHECKLISTE 10

HINTERFRAGE DEINE ZWEIFEL UND GLAUBENSSÄTZE

Gehe deine Glaubenssätze nun nacheinander durch und hinterfrage sie mithilfe dieser Checkliste. Notiere dir die Antworten in deinem Gedankentagebuch.

- Ist das, was du denkst, wirklich wahr?
- Gibt es einen Beweis dafür, dass es wahr ist?
- Gibt es einen Beweis dafür, dass es nicht wahr ist?
- Was spricht dafür?
- Was spricht dagegen?
- Was würdest du einer Person raten, die du gernhast?
- Was könnte schlimmstenfalls passieren?
- Was könnte bestenfalls passieren?
- Was könntest du stattdessen denken, um dich zu schützen?
- Gibt es etwas Gutes, das die Situation mit sich bringt?

STOPP! IST DAS WIRKLICH WAHR?

Ob eine Situation gut oder schlecht für uns ist, hängt oft davon ab, wie wir sie sehen und bewerten. Wenn du das Gefühl hast, dass deine Gedanken mal wieder in eine Richtung gehen, die eher hinderlich ist, und dir das Leben erschweren, darfst du dich daran erinnern, diese Annahmen zu hinterfragen. So kannst du Klarheit erlangen, Fehlinterpretationen aufdecken und alte Handlungsmuster durchbrechen.

Wenn du also das nächste Mal sehr heftig auf etwas oder jemanden reagierst, halte inne. Sage dir innerlich: »Stopp!«, und horche in dich hinein. Atme dann einige Male tief ein und wieder aus und reagiere erst dann.

Du wirst sehen: Mit der Zeit wird es dir immer leichter fallen, reflektiert, besonnen und vor allem im Einklang mit dir selbst zu reagieren.

Tipp von mir:

Frage dich einmal: Was würde wohl passieren, wenn du erkennst, dass du viel mehr bist, als du jemals gedacht hättest?

Schau nicht zurück, dorthin gehst du nicht mehr.

CHECKLISTE 11

WANDLE DEINE GLAUBENSSÄTZE IN AFFIRMATIONEN UM

Gedanken schaffen Realität – positiv wie negativ. Es ist also an der Zeit, deinen alten negativen Glaubenssätzen als neue positive Affirmationen wundervolles Leben einzuhauchen. Hier kommen ein paar Ideen.

☹	☺
»Ich bin nicht liebenswert.«	»Jeder Mensch hat eine liebenswerte Seite an sich und meine darf ich mir nun ganz genau anschauen.«
»Ich bin eine Last für andere Menschen.«	»Ich darf mir Unterstützung holen und bin willkommen in dieser Welt.«
»Schon wieder habe ich einen Fehler gemacht.«	»Auch wenn die Dinge anders laufen als erhofft, bin ich wertvoll.«
»Ich kann das einfach nicht.«	»Ich probiere die Dinge jetzt einfach aus und vielleicht wird es ja richtig gut laufen.«
»Ich gebe auf, da ich das eh vermasseln werde.«	»Vielleicht ist das nicht der einfachste Weg, aber in mir steckt mehr, als ich denke.«

☹	☺
»Ich muss alles zu 100 Prozent schaffen.«	»Ich bin auch dann eine wertvolle Person, wenn ich es nicht zu vollster Zufriedenheit erledige.«
»Ich gehöre hier nicht her.«	»Ich habe meinen Platz auf dieser Erde so verdient und darf ihn jetzt ganz und gar ausfüllen.«
»Wer will denn schon wissen, was ich zu sagen habe?«	»Meine Stimme kann einen großen Unterschied machen.«

CHECKLISTE 12

WER BIST DU WIRKLICH?

Viele Menschen haben solche Angst davor, verletzt zu werden, dass sie ihre Emotionen selten nach außen tragen. Die Folge: Sie spielen eine Rolle und verbergen ihr wahres Ich. Wie sieht es bei dir aus?

Welche drei Eigenschaften beschreiben dich am besten?

Und mit welchen drei Eigenschaften würde dich jemand beschreiben, der dich liebt?

Was ist deine tiefste Sehnsucht oder dein größter Wunsch?

Welches Bedürfnis möchte aktuell gestillt werden?

ÜBUNG

GEWINNE EINEN NEUEN BLICK AUF DICH SELBST

Setze dich bequem hin und schließe die Augen. Beobachte dich in deinem Alltagsgeschehen. Wen siehst du jetzt? Wen siehst du, wenn du niemandem etwas beweisen musst?

Schau dich an in deiner Verletzlichkeit: Siehst du, dass diese Verletzlichkeit der Schlüssel für wahre und tiefe Verbindungen ist? Auch zu dir selbst. Mach dir bewusst: Du brauchst dich nicht zu verstecken, da du in deiner Pracht alles mitbringst, was du benötigst, um ein zufriedenes Leben zu führen.

Lege deine Hand auf dein Herz und sage dir laut oder in Gedanken: »Ich bin wertvoll.« Dann öffne deine Augen wieder und nimm dieses Gefühl mit in deinen Tag.

Tipp von mir:

Hab den Mut, auch mal nicht gemocht zu werden.

CHECKLISTE 13

WIE DU GEFÜHLE ENTSTEHEN LASSEN KANNST

Gefühle entstehen so schnell, dass wir oft nicht bemerken, dass sie die Folge unserer Bewertung sind. Dabei können wir diese Bewertung steuern – und damit jedes Gefühl hervorrufen, das wir empfinden möchten.

Fühle dich in einen Moment der Freude hinein: Was siehst du? Was riechst du? Was hörst du?

Nimm das Gefühl von Freude in deinem Körper wahr: Wie fühlt es sich an? Was macht es mit dir?

Nun mach dir bewusst, dass du dieses schöne Gefühl eben ganz allein kreiert hast. Bravo!

DU KANNST ALLES IN DIR KREIEREN

Wenn wir ein Ereignis erleben, bewerten wir dies in unserem Unterbewusstsein. Auf diese Bewertung folgt eine Konsequenz, das Gefühl. Bewerten wir also ein Ereignis als frustrierend oder ärgerlich, fühlen wir uns auch dementsprechend.

Glücklicherweise sind wir in der Lage, die Gedanken auch in eine andere Richtung zu lenken, um ein durchaus angenehmeres Gefühl hervorzuholen. Es ist also nicht die Situation, die uns beunruhigt, sondern die Sicht auf das Ereignis.

Mach dir bewusst, dass du allein schöne Gefühle kreieren kannst. Alles, was du dafür brauchst, trägst du bereits in dir. Du brauchst dafür niemand anderes, denn du und dein Vorstellungsvermögen reichen vollkommen aus, damit du wohlige, schöne, stärkende, dich umarmende und liebevolle Gefühle in deinem ganzen Körper spüren kannst.

Tipp von mir:

Alles, was du siehst, ist eine Perspektive und nicht unbedingt die Wahrheit. Sei dir dessen stets bewusst.

CHECKLISTE 14

KENNST DU DEINE GRENZEN?

Grenzen setzt du zu deinem Schutz. Du setzt sie für dich und nicht gegen jemand anderes. Kennst du deine Grenzen? Oder übertrittst du sie regelmäßig? In welchen der folgenden Sätze findest du dich wieder?

- [ ] Du erwiderst die Umarmung einer anderen Person auch dann, wenn du es nicht möchtest.
- [ ] Wenn dich jemand um einen Gefallen bittet, fällt es dir schwer, Nein zu sagen.
- [ ] Du lässt dich auch dann auf lange Gespräche ein, wenn du am liebsten allein wärst.
- [ ] Obwohl du keine Lust auf einen Ausflug hast, lässt du dich überreden mitzugehen.
- [ ] Jemand im Kollegium übergibt dir immer wieder Arbeit, die nicht in deinem Aufgabenbereich liegt. Du sagst nichts.
- [ ] Du sagst oft Ja, obwohl du Nein denkst.
- [ ] Dir fällt es schwer, Dinge, die du verliehen hast, zurückzuverlangen.

GRENZEN ZU SETZEN KANNST DU LERNEN

Grenzen zu setzen ist nicht so einfach, vor allem nicht, wenn wir etwa aufgrund frühkindlicher Erlebnisse so konditioniert sind, dass wir Grenzsetzung als etwas Negatives betrachten.

Mach dir jedoch bewusst: Es geht um dein Wohlbefinden, und für deinen Schutz bist du zuständig. So wie wir alle ganz individuell sind, sind es unsere Grenzen auch. Von daher ist es wichtig, sie zu kommunizieren, da die anderen ja nicht wissen, wo deine Grenzen gesetzt sind. Um Missverständnissen und nicht ausgesprochenem Groll aus dem Weg zu gehen, darfst du dich und deine Wünsche mitteilen. Du wächst und lernst ständig, und entsprechend verändern sich deine Anforderungen an das Leben. Du darfst deine Grenzen also jederzeit neu für dich erkennen und äußern.

Tipp von mir:

Achte darauf, dass ein Ja zu jemand anderem nicht ein Nein für dich selbst bedeutet.

CHECKLISTE 15

ENERGIEZIEHER VS. ENERGIESPENDER

Oft spüren wir intuitiv, was uns guttut und was uns unseren Alltag eher wie in Nebelschwaden erleben lässt. Auf welchem Energielevel stehst du? Kreuze an, welche Dinge deinen Alltag dominieren.

Energiezieher

- [ ] work, work, work
- [ ] anstrengende Beziehungen
- [ ] ungesundes, ständiges Snacken
- [ ] Chaos in der Wohnung
- [ ] ständige Erreichbarkeit
- [ ] negative Gedanken
- [ ] keine Pausen
- [ ] zu wenig Schlaf
- [ ] Stress
- [ ] zu viele Termine

Energiespender

- [ ] Mittagspausen in der Natur
- [ ] Zeit mit dir selbst
- [ ] langsames, bewusstes Essen
- [ ] Wohlfühlecken laden ein
- [ ] Grenzen schützen dich
- [ ] Dankbarkeit
- [ ] Meditation/Spaziergang
- [ ] Bedürfnisse achten
- [ ] Atempausen
- [ ] tun, was du liebst

WEISST DU, WOHIN DU DEINE ENERGIE FLIESSEN LÄSST?

Du bist verantwortlich für dein eigenes Wohlbefinden, und das beinhaltet, dass du ganz genau auswählst, was gut für dich ist und was nicht. Wovon darfst du dich lösen, damit du wieder in die Kraft kommst? Jeder Gedanke, der in eine positive Richtung geht, gibt dir Energie. Jede Handlung, die deine Bedürfnisse achtet, gibt dir Energie. Und jede Person, mit der du dich umgibst, weil du es möchtest, gibt dir Energie.

Wähle weise, wohin du deine Aufmerksamkeit lenkst. Anstatt dich über Dinge aufzuregen und damit Energie zu verschwenden, konzentriere dich auf die Lösung, um nachhaltig bei Kräften zu sein.

Frage dich stets, was du für dich tun kannst, damit dein Kraftakku gefüllt bleibt. Wo kannst du in deinem Alltag noch heute Energiespender einbauen?

Zweifle nicht
an dir. In dir
schlummert viel mehr,
als du denkst.

KAPITEL 3: VERÄNDERE DEINE PERSPEKTIVE

CHECKLISTE 16

GLAUBE NICHT ALLES, WAS DU DENKST

Beaufsichtige deine Gedanken, damit sie keinen Blödsinn machen. Das klappt sicher besser, wenn du dir der typischen Denkfehler bewusst bist und weißt, wie du sie überwinden kannst.

☹	☺
Autoritätsverzerrung: »Meine Chefin hat gesagt, dass es so und so ist. Und wenn sie das sagt, glaube ich das.«	Würdest du der Meinung deiner Chefin auch so viel Gewicht beimessen, wenn sie eine dir unbekannte Person wäre? Bedenke: Wir alle sind fehlbar.
Hochstaplersyndrom: »Irgendwann merken bestimmt alle, dass ich eigentlich gar nichts draufhabe.«	Führe ein Erfolgstagebuch! Hier notierst du kleine und große Erfolge, Komplimente aus dem Kollegium und positives Feedback.
Katastrophisieren: »Ich werde den Karren so was von gegen die Wand fahren. Das wird niemals was.«	Mache einen Realitätscheck und frage dich, ob das wirklich so ist. Frage dich, was dafür- und was dagegenspricht.

☹	☺
Alles-oder-nichts-Denken: »Wenn ich den Job nicht bekomme, werde ich nie wieder glücklich.«	Mach dir bewusst, dass das Leben nicht nur aus Schwarz und Weiß besteht. Das Leben ist bunt und wir dürfen uns daran bedienen.
Personalisieren: »Die Absage gab es bestimmt, weil ich mit im Team bin. Die mag mich nicht, letztens hat sie mich komisch angesehen.«	Wir Menschen sind immer am allermeisten mit uns selbst beschäftigt und so projizieren wir unsere eigene Unsicherheit schnell in Situationen hinein.
Übergeneralisieren: »Immer läuft alles schief.«	Ist das wirklich so? Versuche auf Worte wie »immer« und »nie« zu verzichten und mach dir klar, dass das Leben ein ständiges Auf und Ab ist.

CHECKLISTE 17

KONZENTRIERE DICH AUF DAS, WAS DU BEEINFLUSSEN KANNST

Viele Menschen übernehmen im Alltag häufig Verantwortung für Dinge, die sie gar nicht beeinflussen können. Mach auch du dir einmal bewusst, worauf du selbst tatsächlich Einfluss ausüben kannst, und worauf nicht.

Dinge, die du nicht beeinflussen kannst	Dinge, die du beeinflussen kannst
☹ Was andere machen	☺ Was du machst
☹ Was andere denken	☺ Was du denkst
☹ Was andere fühlen	☺ Was du fühlst
☹ Was andere tun	☺ Was du tust
☹ Was andere sagen	☺ Was du sagst
☹ Die Vergangenheit	☺ Die Gegenwart

DU KANNST IMMER WÄHLEN

Es geschehen ständig so viele Dinge in unserem Leben, über die wir absolut keine Kontrolle haben. Eins ist aber gewiss: Wir haben immer in der Hand, wie wir auf Situationen und Menschen reagieren. Ist das nicht toll?

Du brauchst die Dinge, mit denen du nicht einverstanden bist, nicht einfach so hinzunehmen. Du kannst für dich immer etwas an einer Situation verändern – und wenn es nur deine Perspektive ist, mit der du auf die Situation blickst. Gutes ist nämlich immer da. Manchmal vielleicht etwas versteckt oder nur in kleinen Mengen – aber es ist da.

Gib dem Guten genügend Raum, damit es wachsen kann.

Tipp von mir:

Erinnere dich immer wieder daran, dass dein innerer Frieden so viel wichtiger ist als irgendeine Reaktion, die dir deine Energie raubt.

CHECKLISTE 18

REFLEKTIEREN STATT PROJIZIEREN

Wenn du das nächste Mal etwas bewertest, schau genau hin: Ist es wirklich das Verhalten der anderen Person, das dich stört? Oder zeigt es dir vielmehr einen Anteil von dir, den du so gern ändern würdest?

☹	☺
»Ich finde es verwerflich, wenn mich Freundinnen immer wieder um Hilfe bitten.«	»Ich selbst möchte anderen nicht zur Last fallen. Vielleicht traue ich mich doch einmal, um Hilfe zu bitten.«
»Meine Chefin hat mich ziemlich direkt auf diesen Fehler aufmerksam gemacht. Das fand ich nicht in Ordnung.«	»Mir fehlen oft die richtigen Worte, da ich niemand vor den Kopf stoßen will. Vielleicht darf ich aber einfach mutiger sein.«
»Mich regt es auf, wenn andere stark ihre Meinung vertreten.«	»Ich selbst traue mich nicht, für mich einzustehen. Ich kann es ja mal in einem geschützten Rahmen versuchen, etwa in der Familie.«
»Die neue Kollegin biedert sich ganz schön an! Unmöglich finde ich das.«	»Ich bin eher still und fühle mich dadurch oft allein. Vielleicht kann ich mich mit der neuen Kollegin einmal zum Mittagessen verabreden?«

SO WIRST DU STÄRKER UND FLEXIBLER

Die Sache ist die: Wir neigen dazu, andere zu be- oder gar zu verurteilen, und bemerken oft nicht, dass wir dabei in Wirklichkeit einen Teil von uns be- oder verurteilen, den wir selbst aus irgendeinem Grund ablehnen. Wir wählen dann unbewusst den einfacheren Weg, nämlich den der Projektion. Dadurch werden wir allerdings immer wieder damit konfrontiert, bis wir bereit sind, unsere Themen mal genau zu betrachten.

Stelle dich also deinen inneren Schatten. Frage dich immer, ob es wirklich die andere Person ist, die dein System aktiviert, oder ob da ein ungestilltes Bedürfnis nach Liebe, Aufmerksamkeit und Wertschätzung schreit. Du wirst sehen: Wenn du es schaffst, die Projektion in eine Reflexion zu verwandeln, wirst du stärker und flexibler in deinem Umgang mit anderen Menschen.

CHECKLISTE 19

DEIN KÖRPER IST EIN WUNDER

Dein Körper sorgt für dich, auch in Situationen, in denen deine Seele es nicht kann. Mach dir also ruhig einmal bewusst, was dein Körper alles leistet.

- ✔ Dein Herz schlägt 4200-mal pro Stunde – und damit rund zwei Milliarden Mal in deinem Leben.
- ✔ Deine Augen können 100 Millionen Farbtöne und Helligkeiten unterscheiden.
- ✔ Du blinzelst etwa 15 000-mal pro Tag.
- ✔ Deine Nase kann 50 000 unterschiedliche Gerüche wahrnehmen.
- ✔ Dein Gehirn kann pro Tag bis zu einer Million Wörter erfassen.
- ✔ Deine Haut besteht aus über 100 Milliarden Zellen.
- ✔ Dein Körper produziert 25 Millionen neue Zellen pro Sekunde.
- ✔ Du tätigst 20 000 Atemzüge pro Tag und versorgst deinen Körper so mit viel frischer Luft.

ÜBUNG

DEIN KÖRPER LIEBT DICH, LIEBE IHN ZURÜCK

Etabliere eine liebevolle Beziehung zu deinem Körper und sieh nicht alles als selbstverständlich an, was er für dich tut. Richte deinen Blick weg von deinen »Problemzonen« und erkenne an, wie schön du bist! Beantworte dir dafür folgende Fragen:

Wofür bist du deinem Körper dankbar?

Wie kannst du deinem Körper auf liebevolle Weise begegnen?

Was kannst du tun, um die Beziehung zu deinem Körper zu stärken?

Du bist
einzigartig -
und damit
vollkommen
konkurrenzlos.

CHECKLISTE 20

SAG MAL, WIE SPRICHST DU EIGENTLICH MIT DIR?

Manchmal fällt es uns nicht leicht, liebevoll mit uns selbst zu sprechen. Das wird sich nun ändern!

☹	☺
»Ich bin so doof!«	»Jeder macht manchmal Fehler.«
»Nie kann ich meine Klappe halten!«	»Ich stehe für mich ein, und das ist gut so.«
»O Mann, warum passiert mir das?«	»Schön ist es nicht, aber was kann ich daraus lernen?«
»Ich bin eine Versagerin!«	»Ich bin eine Lernerin!«
»Ich bin so faul.«	»Mein Körper braucht momentan Ruhe, was kann ich ihm noch Gutes tun?«
»Ich nerve die anderen bestimmt total.«	»Ich bin mir sicher, dass die anderen gern Zeit mit mir verbringen.«
»Nie im Leben schaffe ich das!«	»Schritt für Schritt kann ich alles schaffen, was ich will.«

WERDE ZU DEINEM ABSOLUTEN NUMMER-EINS-FAN!

Wir verbringen mit niemandem so viel Zeit wie mit uns selbst. Wie kann es da sein, dass wir so oft so hart mit uns umgehen? Sollten nicht gerade wir dafür sorgen, dass es uns gut geht? Wer, wenn nicht wir selbst, ist in der Lage, uns in jeder brenzligen Situation zu beruhigen und uns Mut zuzusprechen?

Wir sollten ausnahmslos immer für uns selbst da sein – uns aufbauen und trösten, in den Arm nehmen, lieb haben und uns bestärken, um kraftvoll in die Welt gehen zu können.

Sei von nun an also deine ganz persönliche Cheerleaderin und feuere dich ordentlich an!

Tipp von mir:

Den inneren Kritiker kannst du vielleicht nicht verbannen. Du kannst ihn aber auf den Rücksitz verfrachten.

CHECKLISTE 21

»ICH BIN NICHT SO GUT WIE DU, ICH BIN SO GUT WIE ICH!«

Meist schneiden wir bei Vergleichen mit anderen nicht besonders gut ab. Dabei ist der einzige Mensch, mit dem wir uns fair vergleichen können – wir selbst. Was passiert, wenn wir aufhören, uns zu vergleichen?

- ✔ Wenn du aufhörst, dich zu vergleichen, holst du dir die Leichtigkeit und den Spaß für das Leben zurück.
- ✔ Wenn du aufhörst, dich zu vergleichen, erkennst du, wie wichtig es ist, dass du auf deine ganz individuelle Art und Weise handelst.
- ✔ Wenn du aufhörst, dich zu vergleichen, kannst du dich deinem eigenen Leben widmen.
- ✔ Wenn du aufhörst, dich zu vergleichen, fokussierst du dich auf all das, was du hast.
- ✔ Wenn du aufhörst, dich zu vergleichen, sperrst du Frustration, Angst und Zweifel automatisch aus.
- ✔ Wenn du aufhörst, dich zu vergleichen, wirst du dich wahrhaftig für andere freuen können.
- ✔ Wenn du aufhörst, dich zu vergleichen, wirst du erkennen, wie großartig du bist.

ÜBUNG

VIER FRAGEN, UM BEI DIR ZU BLEIBEN

In welchem Bereich vergleichst du dich regelmäßig mit anderen?

Welche Eigenschaft ist es, die du an der anderen Person bewunderst?

Welche Eigenschaft hätten andere wohl gern von dir?

Welche deiner Eigenschaften kannst du heute zelebrieren?

WAS ANDERE ÜBER DICH DENKEN, GEHT DICH NICHTS AN

Wenn du zu viel Wert darauf legst, was andere Menschen von dir denken, hältst du dich zurück, verstellst dich und lässt dein wahres Ich verkümmern. Dabei geht es den anderen gar nicht so anders als dir.

- Jeder Mensch ist am allermeisten mit sich selbst beschäftigt.
- Niemand denkt so viel über dich nach, wie du es tust.
- Niemand bewertet dich so sehr, wie du dich selbst bewertest.
- Es ist nicht wichtig, was andere über dich denken. Es ist wichtig, was du über dich denkst.
- Wie sich andere dir gegenüber verhalten, sagt mehr über sie aus als über dich.
- Wenn dich nicht jeder mag, ist das nicht schlimm. Du magst schließlich auch nicht jede Person.
- Du kannst der süßeste und knackigste Pfirsich sein. Es wird immer jemanden geben, der dich nicht mag.

DIE ZWEI FRÖSCHE, DIE IN EIN TIEFES LOCH FIELEN

nach Michael Peterson

Eine Gruppe von Fröschen hüpfte gemeinsam einen Weg entlang, als zwei von ihnen plötzlich in ein tiefes Loch fielen. Sie versuchten mit allen Kräften, wieder herauszuspringen. Die anderen Frösche schauten besorgt hinunter. Es schien ausweglos: Sosehr sich die beiden Frösche auch anstrengten, sie kamen nicht hinaus. Irgendwann riefen ihnen die anderen Frösche zu, dass sie nicht weiter zu versuchen bräuchten hinauszuhüpfen, da sie es eh nicht schaffen würden.

Der eine Frosch ließ sich auf die Worte ein und war völlig entmutigt davon. Er ließ das Springen sein und verstarb rasch. Der andere Frosch aber war unermüdlich und nahm wieder und wieder all seine Kräfte zusammen. Mit der Zeit gelang es ihm, höher zu springen – bis er es tatsächlich aus dem Loch schaffte.

Die anderen Frösche waren verblüfft und fragten ihn, ob er sie nicht gehört hätte, da sie im Leben nicht damit gerechnet hatten, dass er es aus dem Loch schaffe. Es stellte sich heraus, dass der Frosch taub war und die ganze Zeit dachte, die anderen würden ihn anfeuern …

CHECKLISTE 23

ENTWICKLE EINE GUTE BEZIEHUNG ZU DEINEN GEFÜHLEN

Freude, Traurigkeit, Liebe, Wut und Scham sind nur einige Gefühle, die wir tagtäglich oder immer mal wieder fühlen. Erkenne all deine Gefühle dafür an, was sie wirklich sind: Botschaften deines Körpers an dich.

- Gefühle sind wichtige Wegweiser in deinem Leben.
- Gefühle bereiten dich aufs Handeln vor.
- Gefühle machen deine Bedürfnisse sichtbar und zeigen deine Grenzen auf.
- Gefühle sind wichtig für zwischenmenschliche Beziehungen.
- Gefühle zeigen dir an, wann es Zeit ist für eine Veränderung, damit es dir besser geht.
- Gefühle auszudrücken macht glücklich, frei und gesund.
- Gefühle können wie ein Katalysator wirken.
- Ein Gefühl kann keine Macht über dich haben, wenn du deine Reaktion auf dieses Gefühl kontrollieren kannst.
- Du bist nicht das Gefühl, du erlebst es.

GEFÜHLE LASSEN SICH WIE MUSKELN TRAINIEREN

Wenn etwas anders läuft, als du es dir gewünscht hast, halte inne und mach dir bewusst, dass du dein Stresslevel mit deiner Reaktion in die Höhe schießen lassen kannst – oder du kannst dich erden und dir einen stabilen Boden ermöglichen. Dies mag am Anfang schwierig erscheinen, aber mit etwas Übung wird dir das immer besser gelingen.

Im Prinzip kannst du dir das Ganze wie einen Muskel vorstellen, den du stärkst: Je öfter du ihn trainierst, desto stärker und stabiler wird er, damit er dich schützen kann.

Hast du deinen Gedankengefühlsmuskel heute schon trainiert?

Tipp von mir:

Sich zu ärgern ist freiwillig. Du kannst dich auch anders entscheiden.

CHECKLISTE 24

WERDE DEINE BESTE FREUNDIN

Mit uns selbst gehen wir für gewöhnlich viel härter ins Gericht, als wir es beispielsweise mit unseren Freundinnen tun würden. Es ist also höchste Zeit, uns selbst zu unserer besten Freundin zu machen!

- Behandle dich wie jemanden, den du wirklich gernhast.
- Stärke dich mit aufbauenden Worten, anstatt dich unentwegt kritisch zu hinterfragen.
- Frage dich immer wieder: Würde ich so mit jemandem sprechen, den ich gernhabe?
- Sprich respektvoll mit dir und mach dir selbst Komplimente.
- Sage täglich laut eine dich stärkende Affirmation.
- Verzeih dir selbst, wenn du einen Fehler gemacht hast.
- Achte darauf, täglich deine Bedürfnisse zu erfüllen.
- Werde aktiv: Verwöhne dich oder führe dich mal selbst aus.
- Glaube nicht alles, was du denkst.

SEI DIR STETS EINE TREUE BEGLEITERIN

Mit keiner anderen Person verbringst du so viel Zeit wie mit dir selbst, da wäre es doch von Vorteil, eine gute Beziehung zu dir selbst zu haben.

Wer, wenn nicht du selbst, hat deine Liebe denn verdient? Du bist so großzügig, deine Liebe an andere Menschen zu verteilen. Vergiss dabei also nicht, dir selbst auch etwas davon abzugeben, und behandle dich wie deine treueste Begleiterin.

Eine beste Freundin ist die Person, der du all deine Geheimnisse anvertrauen kannst, ohne bewertet zu werden. Es ist die Person, auf die du dich in jeder Situation verlassen kannst. Die Person, die dich in jeder Lebenslage stärkt und unterstützt.

Du brauchst nicht einfach gestrickt zu sein, du darfst auch Bommeln haben.

KAPITEL 4: TU DIR ETWAS GUTES

CHECKLISTE 25

WAS IST SELF CARE?

Die Alltagsmühlen mahlen manchmal rasend schnell. Umso wichtiger ist es, für dich selbst zu sorgen. Wie das geht, erfährst du in dieser Checkliste.

Self Care bedeutet ...

- ✔ genügend Schlaf, Bewegung, ausgewogene Ernährung.
- ✔ ein Schaumbad, ein gutes Buch, Nichtstun, wenn dir danach ist.
- ✔ um Hilfe zu bitten.
- ✔ dir genug Raum für Pausen zu gönnen.
- ✔ deinen Alltag nicht mit Terminen vollzustopfen.
- ✔ dir zu erlauben, unperfekt sein zu dürfen.
- ✔ auf die Worte dir selbst gegenüber zu achten.
- ✔ auf das zu fokussieren, was du beeinflussen kannst.
- ✔ dir Zeit für deine Bedürfnisse zu nehmen.
- ✔ genügend Grenzen zu setzen.

WARUM DU DEN PAUSENKNOPF DRÜCKEN DARFST

Nur wenn du dich gut um dich kümmerst und darauf achtest, dass dein Akku immer gefüllt ist, hast du die Energie für die Welt um dich herum – mit allem, was dazugehört. Im Prinzip geht es darum, dass du deinem Nervensystem ein Gefühl von Sicherheit vermittelst. Dass du ihm die Botschaft sendest, dass alles gut ist. Das geschieht, wenn dein Stresslevel niedrig ist. Dafür ist es besser, dir täglich kleine Pausen zu gönnen, dank derer sich dein Akku wieder füllt, als dir vielleicht einmal alle Jubeljahre zwei Wochen für ein Yoga-Retreat freizuschaufeln. Es muss keine große Geste sein, mit der du dich um dich kümmerst. Wie heißt es so schön? Viele kleine Schritte führen zum schönen Leben.

Die nächste Checkliste hilft dir dabei, dir jeden Tag achtsam und fürsorglich zu begegnen.

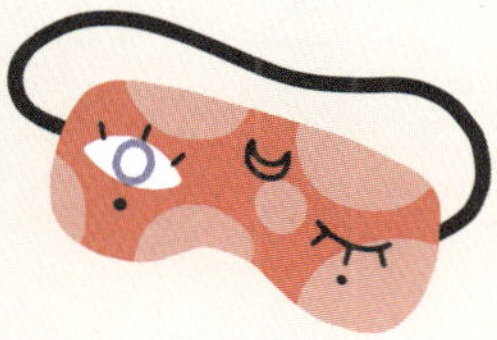

CHECKLISTE 26

DER TÄGLICHE WOHLFÜHL-CHECK-IN

Du weißt nun, warum Selbstfürsorge wichtig ist. Mit dieser Checkliste kommst du direkt ins Handeln. Mein Tipp: Kopiere dir diese Seite und beantworte die Fragen regelmäßig für dich selbst.

Wie geht es dir heute?

Wozu möchtest du heute Ja sagen?

Wozu möchtest du heute Nein sagen?

Hast du heute schon mit jemandem gesprochen, den du gernhast?

❍ Ja ❍ Nein

Was kannst du dir heute Gutes tun?

ÜBUNG

MEDITATION FÜR MEHR SELBSTACHTSAMKEIT

Suche dir einen ruhigen Platz und setze dich bequem hin. Spürst du, wie dein Körper den Boden berührt? Spürst du, wie du mit der Erde verbunden bist?

Nun verbinde dich auch mit dir selbst. Dazu lege deine Hand auf dein Herz und atme einige Male ganz tief ein und wieder aus. Spüre, wie dein Atem durch die Nase in deinen Körper strömt. Spürst du, wie er sich in deinem ganzen Körper ausbreitet?

Spüre in dein Herz hinein. Was fühlst du dort? Fühlt sich dein Herz leicht an und schmiegt sich in deine Hand? Oder ist es eher schwer und nicht zu greifen? Egal was es ist, nimm es an. Beobachte dich dabei, wie der Atem durch deinen Körper strömt, und bleibe mit deiner Aufmerksamkeit ganz bei dir. Frage dich: Wie geht es mir? Was brauche ich?

Wenn du nun die Augen wieder öffnest, komme im Jetzt an und schau, dass du dir heute mit besonders viel Mitgefühl begegnest.

CHECKLISTE 27

STRESS ADIEU, GLÜCK AHOI!

Hier kommen 15 Dinge, die du tun kannst, um dein Glücksempfinden zu stärken. Mein Tipp: Picke dir jeden Tag eine andere Aktivität heraus, um dir etwas Gutes zu tun. Hake ab, was du bereits ausprobiert hast.

- [ ] Bewege dich genügend.
- [ ] Meditiere – du kannst auch mal eine Gehmeditation ausprobieren.
- [ ] Praktiziere Atemübungen – atme tief und bewusst.
- [ ] Nimm dir heute Zeit, um etwas Neues zu lernen.
- [ ] Vergleiche dich nicht, bleib ganz bei dir.
- [ ] Führe ein Gespräch mit einer Person, die du schätzt.
- [ ] Stell dein Lieblingslied auf laut und singe und tanze dazu.
- [ ] Bastele oder male.
- [ ] Verbinde dich – mit der Natur, mit anderen Menschen und dir selbst.
- [ ] Sieh Fehler als Entwicklungshelfer an.
- [ ] Setze bewusst Grenzen.
- [ ] Sei im Flow.
- [ ] Lass gewisse Dinge los.
- [ ] Mach regelmäßig eine kurze Pause.
- [ ] Tue alles, was du tust, in Liebe.

ÜBUNG

SOS-ATEMÜBUNG FÜR ZWISCHENDURCH

Setze dich bequem hin und lege deine Hand auf deinen Bauch. Beginne, tief durch die Nase einzuatmen, und atme noch länger durch den Mund aus. Wenn du einatmest, versuche, den Atem ganz nach unten in deinen Bauch zu leiten, sodass deine Hand sich bei jedem Atemzug mit bewegt. Wenn du ausatmest, mach deinen Bauchraum komplett leer.

Wenn du magst, konzentriere dich beim Einatmen auf stärkende Gedanken und beim Ausatmen auf etwas, von dem du dich lösen möchtest. Du könntest dir etwa Folgendes vornehmen: »Bei jedem Atemzug, den ich einatme, stelle ich mir vor, wie Vertrauen in meinen Körper strömt und sich überall in mir verteilt. Jedes Mal, wenn ich ausatme, verlassen Angst und Sorge meinen Körper.«

Mache die Übung so lange, wie es sich für dich gut und richtig anfühlt. Bleibe anschließend noch ein paar Minuten ruhig sitzen, um wieder im Hier und Jetzt anzukommen.

CHECKLISTE 28

DU DARFST ES DIR LEICHT MACHEN

Unsere ganz persönlichen Scheuklappen können ein wunderbarer Schutz sein. Gleichzeitig können sie aber auch verhindern, das große Ganze zu sehen. Hier kommt ein kleiner Stupser für deine Alltagssorgen.

☹	☺
Du vermisst jemanden?	Rufe die Person an.
Du fühlst dich missverstanden?	Erkläre es erneut.
Du verstehst etwas nicht?	Frage nach. Auch mehrmals.
Du hast jemanden gekränkt?	Bitte um Entschuldigung.
Du hast keine Lust aufzuräumen?	Räume nur die Couch frei und mache es dir gemütlich.
Du fühlst dich nicht ausgeglichen?	Mache einen Spaziergang an der frischen Luft.
Du kritisierst dich viel?	Sprich mit dir wie mit deiner besten Freundin.
Du fühlst dich einsam?	Verbinde dich – beginne ein neues Hobby, geh ins Café, schließe dich Leuten mit ähnlichen Interessen an.
Du schaffst es nicht allein?	Hole dir Hilfe!

ÜBUNG

VIER FRAGEN, DIE DICH DER LÖSUNG NÄHER BRINGEN

Welche Veränderung wünschst du dir in deinem Leben?

Was hindert dich bisher daran, es anzugehen?

Mit welchem kleinen Schritt kannst du deinem Ziel heute näher kommen?

Welche Schritte kannst du morgen und übermorgen tun, um deinem Ziel näher zu kommen?

CHECKLISTE 29

VERGIB, UM LEICHTER ZU WERDEN

Damit dein Herz wieder leicht werden kann, darfst du dich von Groll und Hass lösen, den du in dir trägst. Denn du hast es verdient, dass dein Herz frei sein darf, um zu heilen.

- ✔ Wenn du vergibst, vergibst du für dich und dein Herz.
- ✔ Du vergibst nicht, damit jemand anderes erleichtert wird.
- ✔ Du vergibst nicht, weil du etwas gutheißt, was geschehen ist.
- ✔ Du kannst jemandem vergeben und diese Person trotzdem nicht in deinem Leben haben wollen.
- ✔ Indem du vergibst, verabschiedest du dich von der Hoffnung, dass etwas anders hätte laufen können.
- ✔ Wenn du vergibst, schaffst du Raum in deinem Herzen für Frieden.

ÜBUNG

DAS HAWAIIANISCHE VERGEBUNGSRITUAL HO'OPONOPONO

Dieses Ritual ist eine gute Möglichkeit, Selbstvergebung zu praktizieren. Du kannst Verbindung schaffen und Verantwortung für dein Tun übernehmen.

Finde einen ruhigen Ort und mach es dir bequem. Denke an eine bestimmte Situation oder Person, lege deine Hand auf dein Herz und sage die folgenden Worte zu dir:

»Es tut mir leid. Bitte vergib mir. Ich liebe dich. Danke.«

Wem möchtest du heute vergeben?

- ☐ Deinen nahen Bezugspersonen?
- ☐ Menschen, mit denen es anders lief, als du es dir gewünscht hast?
- ☐ Dem Universum für Situationen, die anders verlaufen sind, als du es erhofft hast?
- ☐ Dir selbst?

Tipp von mir:

Manche Dinge werden erst gut sein, wenn du sie gut sein lässt.

CHECKLISTE 30

SELBSTMITGEFÜHL BRINGT DEIN HERZ ZUM STRAHLEN

Wenn wir Mitgefühl empfinden, spürt unser Herz das Leiden der Person, für die wir uns öffnen. So ist es auch mit Selbstmitgefühl. Diese Checkliste hilft dir dabei, deine kritische Stimme in eine mitfühlende umzuwandeln.

☹	☺
»Ich bin so eine Idiotin. Ich mache immer alles falsch.«	»Ich bin ein Mensch mit positiven, negativen und neutralen Anteilen, und mal ist der eine Anteil präsent und mal der andere. Ich bin dennoch wertvoll.«
»Warum habe ich das gestern auf der Party bloß gesagt? Jetzt denken sicherlich alle, ich sei völlig bekloppt.«	»Ich habe etwas gesagt, das ich nicht noch mal sagen werde. Die Welt geht aber davon nicht unter. Ich bin nun mal ein fehlbarer Mensch – und das ist in Ordnung.«
»Ich bin in keinerlei Weise liebenswert. Nicht mal ich selbst mag mich.«	»Ich erlaube mir, mich mal richtig kennenzulernen. Ich bin mir sicher, dass sich in mir drinnen jemand verbirgt, den ich gernhaben kann.«

☹	☺
»Immer treffe ich die falschen Entscheidungen. Ich bin echt zu nichts zu gebrauchen.«	»Ich habe eine falsche Entscheidung getroffen und handle nächstes Mal etwas bedachter.«
»Ich habe völlig versagt bei dem Vorstellungsgespräch. Ich bin einfach zu blöd und werde nie einen Job finden.«	»Ich habe mich nicht genügend vorbereitet und habe die Stelle nicht bekommen. Nächstes Mal bereite ich mich besser vor.«

Tipp von mir:

*Manchmal kannst du die Situation nicht ändern.
Aber du kannst immer ändern, wie du damit umgehst.*

CHECKLISTE 31

MACH DIR SELBST MAL EIN KOMPLIMENT

Gib dir die Erlaubnis, dich toll zu finden. Gib dir die Erlaubnis, dich zu stärken. Gib dir die Erlaubnis, deinen selbstkritischen Self-Talk in eine aufbauende Stimme zu verändern. Ideen gefällig?

- »Ich habe mich unfassbar schnell in das Thema eingearbeitet. Hut ab!«
- »Die neue Jacke steht mir unwahrscheinlich gut.«
- »Ich konnte meiner Freundin neulich einen wirklich hilfreichen Rat geben. Ich bin ganz schön stolz auf mich.«
- »Ich mag, wie meine Augen strahlen, wenn ich von XY spreche.«
- »Ach, ich mach das echt gut, das muss mal gesagt werden!«
- »Ich bin ein wirklich hilfsbereiter Mensch, das liebe ich an mir.«
- »Ich bekomme das hin, denn in mir steckt viel mehr, als ich denke.«
- »Hey, Ich, du bist echt toll!«
- ______
- ______

ÜBUNG

ERKENNE DEIN WESEN WERTSCHÄTZEND AN

Du kannst dir jederzeit und überall ein paar stärkende Worte sagen. Dafür musst du keine außergewöhnliche Leistung erbracht haben. Es geht um die kleinen Dinge, die letztendlich den großen Unterschied machen.

Was magst du an dir?

Was kannst du gut?

Worauf bist du stolz?

Tu mehr von den Dingen, die du liebst!

KAPITEL 5: DU DARFST ALLES SEIN, WAS DU BIST

CHECKLISTE 32

DU BIST GUT, SO WIE DU BIST

Es ist normal, dass wir hin und wieder mit einigen unserer Anteile hadern. Gleichzeitig ist es wichtig zu erkennen, dass wir gut sind, so wie wir sind.

Wenn du dich akzeptierst, wie du bist …

- ✔ nimmst du dich wertfrei an.
- ✔ behandelst du dich liebevoll und mit Respekt.
- ✔ verstehst du, dass deine Leistung und Handlungen ein Teil von dir sind, dich aber nicht ausmachen.
- ✔ erkennst du, dass du Fehler machen darfst.
- ✔ fällt es dir leichter, an dir zu arbeiten.
- ✔ werden deine Stärken automatisch gestärkt.
- ✔ bekommst du ein besseres Selbstwertgefühl.
- ✔ richtest du deine Energie auf deine Entwicklung.

ÜBUNG

AKZEPTIERE DICH SO, WIE DU BIST

Nimm dir einen Stift und ein Post-it zur Hand und schreibe eine Sache auf, die dir in diesem Moment positiv an dir auffällt. Hänge diesen Zettel an einen Spiegel in deiner Wohnung oder deinem Haus und wann immer du nun daran vorbeiläufst, sprichst du den Satz, der auf dem Zettel steht, laut aus.

Und wenn du noch eins obendrauf legen möchtest, sagst du dir von nun an jedes Mal etwas Nettes, wenn du dich im Spiegel siehst – was auch immer dir in dem Moment in den Sinn kommt.

Die Welt braucht dich nämlich genau so, wie du bist.

Tipp von mir:

Es ist nicht wichtig, dass andere denken, dass du gut genug bist. Es ist wichtig, dass du denkst, dass du gut genug bist.

CHECKLISTE 33

DU BIST VIEL MEHR, ALS DU DENKST

Du darfst alles sein. Laut und leise. Stark und schwach. Du entscheidest, wer du bist. Picke dir aus dieser Checkliste die Eigenschaften heraus, die zu dir passen und auf die du stolz sein darfst.

- [ ] empathisch
- [ ] sportlich
- [ ] hilfsbereit
- [ ] optimistisch
- [ ] gewissenhaft
- [ ] selbstbewusst
- [ ] liebevoll
- [ ] unternehmungslustig
- [ ] aufmerksam
- [ ] lustig
- [ ] neugierig
- [ ] wissbegierig
- [ ] kreativ
- [ ] ruhig
- [ ] loyal
- [ ] laut
- [ ] sozial
- [ ] herzlich
- [ ] zuverlässig
- [ ] leise
- [ ] sorgfältig
- [ ] geduldig

DU BIST DIE SUMME DEINER ANTEILE

Ein einzelner Aspekt macht dich als Person nicht aus, du bist so viel mehr. In Wahrheit bist du die Summe all deiner Anteile, und selbst das ist nicht in Stein gemeißelt. Leben bedeutet Veränderung, und auch du veränderst dich ständig, und zwar dein ganzes Leben lang.

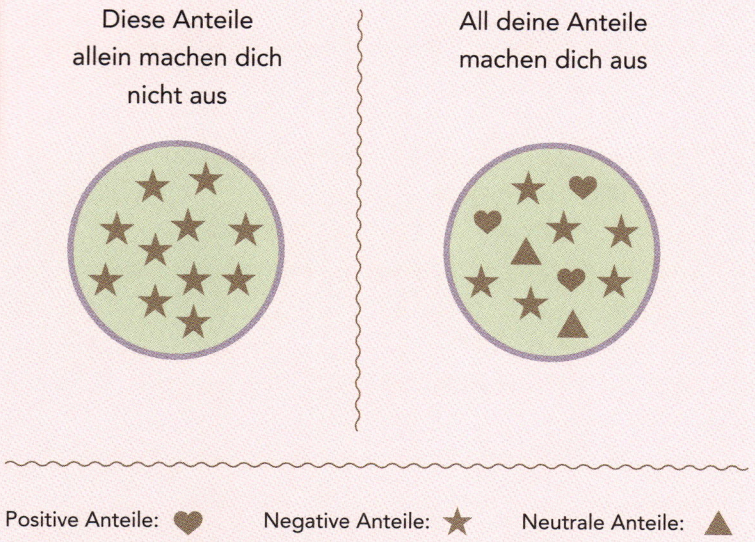

CHECKLISTE 34

ERLAUBST DU DIR, FEHLER ZU MACHEN?

Perfektionismus ist in Wirklichkeit eine Einstellung, die uns kleinhält und uns das Gefühl gibt, nicht genug zu sein, da wir es uns selbst nie recht machen können. Schauen wir uns das einmal etwas genauer an.

- Perfektionismus wird von dem Gefühl geleitet, etwas leisten zu müssen, um wertvoll zu sein.
- Perfektionismus ist angstbasiert und führt zu Frustration und Selbstzweifeln.
- Perfektion ist subjektiv. Für jeden Menschen ist etwas anderes perfekt.
- Erinnere dich daran, dass du Fehler machen darfst, so wie der Rest der Menschheit auch.
- Erlaube dir den Perspektivenwechsel: Fehler sind Entwicklungshelfer.
- Niemand erwartet von dir, dass du ständig alles gibst.
- Erlaube dir, nicht perfekt zu sein, denn gut genug reicht völlig aus.

ERLAUBST DU DIR, NICHT PERFEKT ZU SEIN?

Für eine Perfektionistin ist niemals etwas gut genug. Erkennst du, welchem Druck du ausgesetzt bist, wenn du ständig alles zur vollsten Zufriedenheit aller erledigen möchtest? Das ist nicht nur ungesund für dich, da dich der Druck blockieren und dir das Leben enorm erschweren kann. Das ist zudem unmöglich, denn Perfektionismus ist in Wahrheit eine reine Illusion. Du kannst etwas noch so perfekt machen – es wird immer jemanden geben, der etwas auszusetzen hat. Weil es das Perfekte nicht gibt.

Was dagegen gesund und möglich ist: Entwickle eine Perspektive, die deinem Selbstwert nicht schadet. Erkenne, dass es völlig normal ist, Fehler zu machen. Passieren nicht genau dadurch sogar oftmals die spannendsten Dinge?

CHECKLISTE 35

SCHAU, WIE WERTVOLL DU BIST

Du bist ein Kunstwerk. Doch wenn du deinen Wert von äußerlichen Umständen abhängig machst, bist du als Gebilde sehr wackelig. Schau also, dass du dir ein gutes und stabiles Fundament baust.

- ✔ Es gibt keinen Menschen, der wertvoller ist als ein anderer.
- ✔ Jeder Person ist der gleiche Wert zugeschrieben – auch dir.
- ✔ Jeder Mensch hat einen grundlegenden Wert, der nicht verhandelbar ist.
- ✔ Dein Wert kann nicht infrage gestellt werden, wenn du es nicht tust.
- ✔ Du musst nichts erreichen, leisten oder werden, um wertvoll zu sein.
- ✔ Du bist wertvoll, ganz allein durch dein Sein.
- ✔ Es ist wichtig, dass du erkennst, wie wertvoll du wirklich bist.
- ✔ Du bist willkommen in dieser Welt – nimm deinen Raum ein und fange an zu leben.

DU BIST OKAY

Hier sind fünf stärkende Affirmationen, die du dir aufsagen kannst, wann immer du eine kleine innere Stärkung benötigst:

- »Es ist sicher, ich zu sein.«
- »Ich bin wichtig und liebenswert. Heute, morgen und immer.«
- »Ich glaube von heute an ganz fest an mich.«
- »Die Welt braucht mich und meine Einzigartigkeit. Ich zelebriere mein Sein, so wie ich es möchte.«
- »Ich öffne mich für mein Leben und sehe mich in meiner ganzen Pracht.«

CHECKLISTE 36

WARUM VERLETZLICHKEIT EINE SUPERPOWER IST

Verletzlichkeit kann unser Leben unheimlich bereichern. Durch sie haben wir die Möglichkeit, ein bisschen tiefer zu tauchen, und erleben dadurch einen intensiveren Austausch mit uns selbst und anderen Menschen.

- ○ Wenn wir uns verletzlich zeigen, offenbaren wir unser wahres Ich.
- ○ Wenn wir uns verletzlich zeigen, zeigen wir der Welt, wie wir wirklich sind.
- ○ Wenn wir uns verletzlich zeigen, ermöglichen wir uns tiefe und echte Begegnungen.
- ○ Wenn wir uns verletzlich zeigen, übernehmen wir Verantwortung für uns selbst.
- ○ Wenn wir uns verletzlich zeigen, leben wir unsere eigene Wahrheit.
- ○ Wem könntest du dich heute verletzlich zeigen? Und wie könntest du das tun?

ÜBUNG

REFLEKTIERE DEINE EIGENE VERLETZLICHKEIT

Was bedeutet Verletzlichkeit für dich?

Hältst du dich oft zurück, aus Angst abgewiesen zu werden?

In welcher Situation fühlst du dich verletzlich?

Was würde sich ändern, wenn du dich so zeigen würdest, wie du bist?

CHECKLISTE 37

DU BIST IMMER GENUG UND NIEMALS ZU VIEL

Kennst du das Gefühl, zu viel von etwas zu sein? Dabei sind wir nichts dergleichen. In welchen der folgenden Sätze findest du dich wieder? Kreuze an.

- ☐ Du bist nicht zu laut, du sprichst nur laut.
- ☐ Du bist nicht zu egoistisch, du setzt nur klare Grenzen.
- ☐ Du bist nicht zu dumm, du lernst dein gesamtes Leben lang.
- ☐ Du bist nicht zu anspruchsvoll, du hast nur genau reflektiert, was dir guttut.
- ☐ Du bist nicht zu unordentlich, dir ist Ordnung nur nicht so wichtig.
- ☐ Du bist nicht zu vergesslich, du denkst nur nicht an alles.
- ☐ Du bist nicht zu schwach, du fühlst dich nur gelegentlich bedroht.
- ☐ Du bist nicht zu leise, du möchtest nur nicht laut sprechen.
- ☐ Du bist nicht zu nett, du handelst nur auf empathische Weise.
- ☐ Du bist nicht zu verpeilt, du hast nur Schwierigkeiten, dich zu organisieren.

DIE SACHE MIT DEM INNEREN KRITIKER

Wenn dein innerer Kritiker sich nächstes Mal mit einer lautstarken Message meldet, glaube ihm nicht. Mach ihm direkt klar, dass er falsch liegt, und halte ihm ruhig ein Gegenargument vor seine kritische Nase.

Alternativ kannst du deinem inneren Kritiker auch die Macht entziehen, indem du ihn nicht mehr so ernst nimmst. Versuche doch nächstes Mal, deine Selbstzweifel als Opernarie zu singen oder zu der Melodie von »Alle meine Entchen«, und schau, was dadurch geschieht.

Tipp von mir:

Achte auf die Worte dir selbst gegenüber, sie haben eine große Wirkung.

CHECKLISTE 38

WAS IST SCHON NORMAL UND WER ENTSCHEIDET DAS?

Wenn wir normal sein wollen, wollen wir eigentlich nur dazugehören. Bedenke: Du brauchst von niemandem die Genehmigung, dich gut zu finden. Es reicht aus, wenn du das für dich ganz allein entscheidest.

- ○ Normal sein zu wollen ist eine Art Schutzmechanismus.
- ○ Wenn wir normal sein wollen, wollen wir eigentlich okay sein, so wie wir sind.
- ○ Wenn wir normal sein wollen, wollen wir eigentlich nur von anderen akzeptiert werden.
- ○ Doch du allein entscheidest über dein Normal.
- ○ Jeder Mensch hat andere Prägungen und Vorstellungen.
- ○ Normal kann alles bedeuten. Es kommt nur darauf an, was du daraus machst.
- ○ Dein Normal ist nämlich deine Einzigartigkeit, und die darfst du zelebrieren.

ÜBUNG

DU BIST EINZIGARTIG

Nimm einmal einen Stein in die Hand und schau ihn dir ganz genau an. Kannst du sehen, was er für Farben und Muster hat? Kannst du seine ganze Pracht erkennen? All seine Kanten, Mulden und Unebenheiten?

Diesen Stein gibt es nur ein einziges Mal auf dieser Welt. Die Zusammenstellung der Farben und die Form sind etwas ganz Besonderes. Und so ist das auch mit dir. Deine Stimme ist einzigartig, deine Bewegungen sind einzigartig, dein Erscheinungsbild, dein Blick, deine Gestik, deine Gefühlswelt, deine Gedanken – einfach alles an dir ist ganz besonders und nicht noch einmal auf dieser Welt zu finden.

Was macht dich noch alles einzigartig? Ich bin mir sicher, dass es eine ganze Menge ist.

CHECKLISTE 39

AUCH EINE HELDIN DARF VERSCHNAUFEN

Wer behauptet eigentlich, dass du als Heldin den ganzen Tag durchpowern musst? Dass du immer strahlend lächeln und alles mit links schaffen musst? Mach dir bewusst, dass genau das Gegenteil der Fall ist.

- ✔ Es ist okay, wenn du Gefühle zeigst.
- ✔ Es ist okay, wenn du nicht perfekt bist.
- ✔ Es ist okay, wenn du einfach mal nichts tust.
- ✔ Es ist okay, wenn du Nein sagst.
- ✔ Es ist okay, Schwächen zu zeigen.
- ✔ Es ist okay, nicht alles zu schaffen.
- ✔ Es ist okay, Fehler zu machen.
- ✔ Es ist okay, nach Hilfe zu fragen.
- ✔ Es ist okay, einen schlechten Tag zu haben.

DU ENTSCHEIDEST, WIE SCHNELL DU GEHST

Bei all der Selbstliebe vergiss nicht, dir auch ein Okay für Pausen zu geben. Löse dich von dem Druck, dass immer alles funktionieren muss. Löse dich von deinen Erwartungen und denen anderer Menschen. Erlaube dir, einfach zu sein – mit allem, was dazugehört.

Du entscheidest, wo dein Weg langgeht, und du entscheidest, wie schnell du ihn beschreitest. Erlaube dir, deine Seiten zu zeigen, die du eigentlich lieber verstecken möchtest. Zeige dich in deiner Besonderheit, in deiner Verrücktheit und Unperfektheit.

Wenn du dich zeigst, wie du wirklich hinter deiner Fassade bist, dann ermöglichst du anderen, sich auch zu zeigen. Das schafft einen wunderbaren Boden für Verbindung und Nähe.

Tipp von mir:
Glaube an dich und die Fülle deines Lebens.

CHECKLISTE 40

DU BRAUCHST NICHTS ZU LEISTEN, UM WERTVOLL ZU SEIN

Wir werden oft darauf konditioniert, Dinge zur Zufriedenheit anderer zu erledigen. Du darfst nun lernen, deine Maßstäbe neu zu definieren. Mein Tipp: Probiere alle Punkte auf dieser Checkliste aus und hake sie ab.

- [ ] Erlaube dir Spaß zu haben – amüsiere dich.
- [ ] Dreh dein Lieblingslied auf und tanze, als würde dich niemand beobachten.
- [ ] Fahre mit dem Riesenrad und staune, wie klein die Menschen von da oben wirken.
- [ ] Genieße Zeit mit deiner Freundin und lacht zusammen, bis euch der Bauch wehtut.
- [ ] Verliere dich in einer Aufgabe, die du gern tust, und vergiss dabei Raum und Zeit.
- [ ] Laufe durch einen Wald und schau dir die vielen kleinen Blätter an den Bäumen an, wie sie durch den Wind hin und her geweht werden.
- [ ] Geh in dein Lieblingscafé, gönne dir ein Stück deines Lieblingskuchens und genieße jeden Bissen.
- [ ] Leg dich auf eine Wiese und beobachte die Wolken am Himmel.

ÜBUNG

MIT DEM BODYSCAN AUS DEM KOPF IN DEN KÖRPER

Finde einen bequemen Platz und schließe deine Augen. Atme ein paarmal tief ein und aus.

Lenke dein ganzes Bewusstsein zu deinem Körper. Scanne ihn Stück für Stück ab. Beginne mit den Füßen, wandere dann über die Waden und die Oberschenkel bis zu deinem Becken. Richte deine Aufmerksamkeit anschließend auf deinen Bauch, deinen Rücken, deine Schultern, deinen Brustraum, deine Arme, deinen Nacken, deinen Kiefer bis hin zu deiner Stirn.

Was nimmst du wahr? Wie fühlt es sich in dem Teil deines Körpers an? Wenn deine Gedanken abschweifen, bringe deine Aufmerksamkeit zurück. Halte bei jedem Körperteil inne und stell dir vor, dass jeder Atemzug durch genau diesen Körperteil strömt.

Komme anschließend wieder ins Hier und Jetzt.

CHECKLISTE 41

WAS DEINEN SELBSTWERT DEFINIERT

Es ist ganz natürlich, dass wir stolz auf das sind, was wir gut können und geschaffen haben. Allerdings dürfen wir uns einmal bewusst machen, welche Dinge unseren Selbstwert definieren.

Dein Selbstwert wird nicht definiert durch …

- die Meinung anderer.
- deinen Job.
- die Anzahl deiner Freundinnen.
- deinen Bildungsstatus.
- dein Aussehen.
- deinen Beziehungsstatus.

Dein Selbstwert wird definiert durch …

- die Art, wie du von dir denkst.
- den Blick, den du auf dich selbst richtest.
- deine Bewertung der Geschehnisse in deinem Leben.

DIE REISE ZU EINEM STABILEN SELBSTWERT

Wir sind oftmals so sehr auf der Suche nach Liebe und Aufmerksamkeit, dass wir die Quelle dieser beiden Dinge gar nicht richtig wahrnehmen: uns selbst. Wenn wir uns diese Bedürfnisse selbst ermöglichen, werden wir im Außen andere Entscheidungen treffen, da wir dann genau wissen, was wir uns wert sind.

Triff heute die bewusste Entscheidung, dich mit liebevollem Blick zu betrachten. Erlaube dir, behutsam mit dir zu sein – in jeder Lebenslage. Erlaube dir, dich für das Leben zu öffnen, das du dir so sehr wünschst. Und dann erlaube dir zu erkennen, wie wertvoll du wirklich bist.

Tipp von mir:

Du kannst dich von Grund auf neu ausrichten. Dies geschieht nicht mit scharfer Selbstkritik, sondern mit Mitgefühl und Selbstliebe.

*Du hast die Power,
deine eigene
Geschichte
umzuschreiben.*

KAPITEL 6: KREIERE DEIN TRAUMLEBEN

CHECKLISTE 42

WERDE ZU DEINER EIGENEN HELDIN

Wir wollen uns nun deiner Traumzukunft widmen. Den Weg dorthin darfst du gern als Heldinnenreise bezeichnen. Beginne damit, dich nicht als Opfer, sondern als Gestalterin zu betrachten.

☹	☺
Du denkst, dass dir das Leben stets Hindernisse in den Weg stellt?	Erkenne, dass du die Person bist, die dir meistens im Weg steht.
Du denkst, du kannst noch nicht starten, weil dir noch wesentliche Eigenschaften fehlen?	Du trägst bereits alles in dir, was du brauchst. Nutze es.
Du denkst, dass andere für deine Unzufriedenheit verantwortlich sind?	Erkenne, dass es immer Menschen geben wird, die deine Bedürfnisse nicht respektieren. Du darfst entscheiden, ob diese Menschen einen Platz in deinem Leben haben dürfen.

☹	☺
Du denkst, dass andere für dein Glück verantwortlich sind?	Lerne, dass nur du selbst dein Leben umkrempeln kannst, so wie du es haben magst.
Du denkst, du bist nicht gut genug, und fährst deshalb mit angezogener Handbremse durch dein Leben?	Erlaube dir, Fehler zu machen. Erlaube dir, nicht perfekt zu sein, und gehe deinen ganz eigenen, individuellen Weg.
Du denkst, die anderen machen es eh besser?	Erkenne, dass Vergleichen ein großer Energieräuber ist, der dir den Spaß an den Dingen nimmt. Bleib ganz bei dir.

CHECKLISTE 43

LERNE DEIN ZUKÜNFTIGES ICH KENNEN

Schließe für einen Moment die Augen und reise in deine Zukunft. Stell dir vor, du hast all deine Ziele erreicht, es sind all deine Träume wahr geworden. Stell dir nun dein zukünftiges, altes, weises Ich vor: Wie siehst du aus? Was hast du erreicht? Wo und wie lebst du? Öffne nun wieder die Augen und nimm all die positiven Gefühle mit ins Hier und Jetzt. Vollende nun den folgenden Satz:

Dein zukünftiges Ich ist …

- [ ] glücklich.
- [ ] erfüllt.
- [ ] verliebt.
- [ ] reich.
- [ ] neugierig.
- [ ] weise.
- [ ] bezaubernd.
- [ ] umgeben von lieben Menschen.
- [ ] sanftmütig.
- [ ] nachsichtig.
- [ ] liebevoll.
- [ ] gelassen.
- [ ] mit sich selbst im Einklang.
- [ ] fröhlich.
- [ ] finanziell frei.
- [ ] gesund.

ÜBUNG

DEINE ZUKUNFT WARTET AUF DICH

Bleib noch für einen Moment in deiner Zukunft und beantworte dir die folgenden Fragen.

Was würde dir dein zukünftiges Ich mit auf den Weg geben?

Welchen ersten Schritt würde dein zukünftiges Ich heute gehen?

Was würde dein zukünftiges Ich tun, wenn ihm ein Hindernis begegnet?

Hält dein zukünftiges Ich deinen Traum für umsetzbar?

❍ Ja ❍ Nein

CHECKLISTE 44

MACH DEINE TRÄUME ZUR WIRKLICHKEIT

Einen Traum zu verwirklichen fühlt sich meist an wie eine kleine Achterbahnfahrt. Richte deinen Blick auf die kleinen Veränderungen. Kreuze an, welche Schritte du bereits mutig auf deinem Weg gegangen bist!

- [ ] Mach dir bewusst, was genau du dir wünschst.
- [ ] Visualisiere es mithilfe eines Visionboards.
- [ ] Schreibe einen Brief aus der Sicht deines zukünftigen Ichs, für das dein Traum Wirklichkeit geworden ist.
- [ ] Werde aktiv und geh kleine Schritte in Richtung Verwirklichung.
- [ ] Baue kleine Gewohnheiten in deinen Alltag ein, die dich deinem Traum näher bringen.
- [ ] Sprich offen mit anderen, um neue Perspektiven und Möglichkeiten zu erfahren.
- [ ] Umgib dich mit Menschen, die an deine Vision glauben.
- [ ] Lass dich von kleinen Rückschlägen nicht entmutigen.
- [ ] Bleib am Ball, du schaffst das.
- [ ] Glaube ganz fest daran.

ÜBUNG

WELCHEN SCHRITT KANNST DU HEUTE TUN?

Du musst keinen ausgetüftelten Plan haben, um deinen Traum Wirklichkeit werden zu lassen. Es reicht auch, wenn du einfach beginnst.

Eine Möglichkeit, um deine Träume Wirklichkeit werden zu lassen, ist die Visualisierung mithilfe von Meditation. Schließe hierfür deine Augen, lege deine Hand auf deinen Bauch und spüre, wie sich deine Hand mit jedem deiner Atemzüge mitbewegt.

Stell dir vor, wie dein Leben aussieht, wenn sich dein Traum erfüllt hat. Wie fühlt es sich an, wenn du es »geschafft« hast? Schau dir diesen erfüllten Traumzustand genau an und inhaliere deine Freude dabei. Verweile etwas in diesem Zustand und komme dann wieder sanft im Jetzt an.

Tipp von mir:
Höre auf deine innere Stimme.

SIEBEN STRATEGIEN, DIE DEINE INNERE KRAFT STÄRKEN

Krisen sind ganz normal. Hier kommen Methoden, mit denen du deine innere Kraft stärkst. Vielleicht wendest du einige davon bereits intuitiv an? Hake sie ab und versuche, sie von nun an bewusst anzuwenden.

- [ ] Akzeptiere, dass es gerade etwas schwieriger ist.
- [ ] Habe Vertrauen in deine eigenen Fähigkeiten.
- [ ] Erlaube dir einen Perspektivenwechsel – blicke über den Tellerrand.
- [ ] Fokussiere auf Lösungen, nicht auf das Problem.
- [ ] Sprich darüber, schütte dein Herz aus.
- [ ] Mach dir Notizen, schreibe Listen und Pläne.
- [ ] Auch wenn es schwerfällt: Lache darüber!
- [ ] Blicke optimistisch in die Zukunft.

ÜBUNG

DREI SOS-ÜBUNGEN, UM KRISEN GUT ZU MEISTERN

1. Drei schöne Dinge sehen

Schau dich doch mal in genau diesem Moment um und finde drei Dinge, die schön sind. Das können drei klitzekleine Dinge sein, die du sonst für absolut selbstverständlich nimmst. Letztendlich sind es genau diese Sachen, die uns stärken können, wenn wir ihnen genügend Raum ermöglichen und sie groß werden lassen.

2. Eine gute Tat vollbringen

Um dich selbst zu stärken und um ein Gefühl von Verbundenheit zu erfahren, kannst du etwas Gutes für jemand anderes tun. Vielleicht bewirbst du dich als ehrenamtliche Mitarbeiterin, hilfst jemandem in einer unschönen Lage oder denkst dir eine schöne Geste für eine Person aus, die du gernhast. Wenn wir uns nämlich um das Wohl anderer kümmern, stärken wir auch unsere eigene Mitte damit.

3. An lustige Situationen zurückdenken

Humor ist unglaublich heilungsfördernd und tut einfach gut. Um dein Wohlbefinden zu stärken, denke doch mal an drei lustige oder auch irrwitzige Situationen, die du in letzter Zeit (mit)erlebt hast, und schreibe sie auf. Je detaillierter, desto besser, da du diese lustigen Szenarien quasi noch mal erlebst, wenn du dich mit all deinen Sinnen darauf einlässt.

Vergiss nicht,
du bist einzigartig.

CHECKLISTE 46

DU ALLEIN BESTIMMST ÜBER DEINE GRENZEN

Grenzen zu setzen ist Selbstfürsorge. Wenn du Grenzen setzt, zeigst du der Welt, wie du behandelt werden möchtest. Schütze deine Grenzen, indem du sie innerlich akzeptierst und äußerlich kommunizierst.

- ✔ Du kannst deine Meinung jederzeit ändern.
- ✔ Du kannst Nein sagen und musst dich nicht mal erklären.
- ✔ Du darfst für dich einstehen, denn deine Grenzen sind deine Kraftquellen.
- ✔ Du darfst dich von Menschen und Dingen lösen, die dein Sein erschweren.
- ✔ Du musst nicht für alle und alles Verantwortung übernehmen, du darfst bei dir bleiben.
- ✔ Du allein entscheidest, wann es genug ist.

EASY GRENZEN SETZEN MIT ZEHN POWERSÄTZEN

»Meine Einstellung hat sich geändert und ich sehe die Dinge nun anders.«

»Ein anderes Mal sehr gern, dieses Mal passt es mir nicht.«

»Ich allein entscheide, wie ich denke, fühle und bin.«

»Ich fühle mich sehr unwohl, wenn du so mit mir sprichst.«

»Vielleicht war das in der Vergangenheit okay für mich, jetzt ist es das nicht mehr.«

»Ich finde es nicht in Ordnung, wenn du das sagst oder tust.«

»Das funktioniert so nicht für mich.«

»Ich habe meine Meinung geändert.«

»Ich möchte das nicht.«

»Nein.«

Tipp von mir:
Es muss dich nicht jeder mögen.
Wichtig ist, dass du dich magst.

CHECKLISTE 47

ENTWICKLE LEIDENSCHAFT FÜR DEIN LEBEN

Schluss mit dem Leben auf Autopilot! Das Leben ist zu kurz, um es nicht zu genießen. Lass folgende Reflexionsfragen einmal auf dich wirken und beantworte sie sehr gern in deinem Gedankentagebuch.

- Was würde sich verändern, wenn du beginnst, dein Leben als freudige und aufregende Reise anzunehmen?
- Wie wäre es, wenn du jeden Moment deines Lebens ganz aufmerksam und bewusst wahrnimmst?
- Was würde passieren, wenn du plötzlich die kleinen Dinge siehst, die dein Leben so sehr bereichern?
- Was würde sich verändern, wenn du dir ein positives Umfeld schaffst?
- Wie wäre es, wenn du allem, was dein Sein erschwert, keinen Raum mehr in deinem Leben gibst?
- Wie würde es sich anfühlen, wenn du jeden Tag aufwachst und all das siehst, was bereits da ist?
- Was wäre, wenn du dich jeden Tag erneut auf dein Leben freust?
- Was wäre, wenn du dich jeden Tag erneut in dich verliebst?

ÜBUNG

WOMIT MÖCHTEST DU DEIN LEBEN FÜLLEN?

Dein Leben ist keine Generalprobe und du darfst jetzt beginnen, das Leben zu kreieren, das du gern leben möchtest. Fülle dein Leben mit all dem, was dich stärkt. Mit allem, was dir Leichtigkeit schenkt. Mit vielen Momenten, die dich so zum Lachen bringen, dass dein Bauch wehtut.

Womit möchtest du dein Leben heute füllen?

CHECKLISTE 48

MACH DICH GROSS, DU KANNST DAS!

Du bist willkommen in dieser Welt. Fülle deinen Platz aus und öffne dich für all das, was das Leben für dich bereithält. Und vor allem löse dich von deinem Schwarz-Weiß-Denken, denn:

- Du kannst freundlich sein und Grenzen setzen.
- Du kannst stark sein und nach Hilfe fragen.
- Du kannst für dich selbst und für andere da sein.
- Du kannst viel wissen und trotzdem immer weiter lernen.
- Du kannst lernen und verlernen.
- Du kannst Fehler machen und trotzdem wertvoll sein.
- Du kannst Schmerz fühlen und trotzdem glücklich sein.
- Du kannst trauern und Freude erfahren.
- Du kannst voller Angst sein und Mut haben, es trotzdem zu tun.

ÜBUNG

VIER REFLEXIONSFRAGEN FÜR MEHR GRÖSSE

Was war das schönste Kompliment, das du je bekommen hast?

Was war das schönste Kompliment, das du je vergeben hast?

Wann hast du dich zuletzt so richtig mutig gefühlt und warum?

Was möchtest du heute gern schaffen?

CHECKLISTE 49

WERDE ZU DEINER EIGENEN COACHIN

Mach dir als deine eigene Coachin bewusst, dass du immer gesunde Anteile in dir trägst. Kreuze an, was dir bereits leichtfällt. Bei den Punkten, die du nicht ankreuzt, darfst du noch dazulernen.

- ☐ Du erkennst deine Gedanken und Verhaltensmuster.
- ☐ Du erkennst, was dich stärkt und was dich schwächt.
- ☐ Du fragst dich täglich, wofür du dankbar bist.
- ☐ Du etablierst Beziehungen mit Menschen, die dich unterstützen und für dich da sind.
- ☐ Du machst mehr von den Dingen, für die du brennst.
- ☐ Du schützt dich und überprüfst deine Grenzen.
- ☐ Du hinterfragst deine Gedanken.
- ☐ Du entwickelst eine neue, dich stärkende Perspektive.
- ☐ Du bist geduldig und nachsichtig mit dir.
- ☐ Du lebst dein Leben. Du verschläfst es nicht.

ÜBUNG

KLEINE VERÄNDERUNGEN FÜR MEHR LEICHTIGKEIT

Beobachte einmal ganz bewusst deinen Alltag und ergänze in der folgenden Tabelle.

Dinge, die du gern machst und die dich stärken	Dinge, die du täglich oder viel tust

Vergleiche nun beide Listen. Darf sich eventuell etwas in deinem Leben ändern? Wovon möchtest du heute etwas mehr machen?

Tipp von mir:

Baue kleine Routinen in dein Leben ein und achte jeden Tag ganz bewusst darauf, dass du deine Bedürfnisse erfüllst.

CHECKLISTE 50

HALTE DIE SELBSTLIEBE FEST

Wir sind fast am Schluss des Buches angekommen. Hier möchte ich dir noch ein paar Impulse mitgeben, wie du Selbstliebe langfristig in dein Leben integrieren kannst.

- Erkenne, dass die Beziehung mit dir selbst die größte Liebesgeschichte ist, die du je erfahren wirst.
- Erlaube dir das gute Leben, die Liebe, die Wertschätzung und all das, was du dir in deinem Leben wünschst.
- Schreibe dir jeden Morgen eine kleine Notiz, um gestärkt in den Tag zu starten.
- Erkenne, dass du dich als Erstes um dich selbst kümmern darfst, denn dann hast du auch genug Kraft, um für andere da zu sein.
- Frage dich jeden Tag erneut, wovon du heute mehr brauchst und wovon weniger.
- Überlege dir jeden Tag erneut, was du dir Gutes tun kannst.
- Überlege dir jeden Abend drei Dinge, für die du an diesem Tag dankbar bist.
- Blicke stets mit liebevollem Auge sowohl auf dich als auch auf deine Liebsten.

ÜBUNG

LIEBE DICH SELBST IN ALL DEINEN FACETTEN

Bravo! Du hast es geschafft. Du bist so weit vorangekommen auf deiner Reise zu mehr Selbstliebe. Dafür darfst du dir gleich selbst einmal auf die Schulter klopfen. Nimm dir noch einmal Zettel und Stift und überlege, was du als Nächstes tun kannst, um das Leben zu erschaffen, das du dir sehnlichst wünschst.

Was wünschst du dir von dir?

Wie kannst du dir das selbst ermöglichen?

Wie kannst du dir jeden Tag etwas Liebe schenken?

ÜBER DIE AUTORIN

Marie Ehlers ist in Norddeutschland geboren und ist schon einige Umwege in ihrem Leben gegangen. Sie hat lange Zeit Grenzen gesucht und sich dadurch manchmal in nicht so schöne Situationen hineinmanövriert. Mittlerweile sieht sie all das als Teil ihrer Ausbildung.

Maries Weg zur Selbstliebe war kein einfacher. Mit Mitte zwanzig ist sie nach Hawaii ausgewandert, hat dort Psychologie studiert und den Aloha-Lifestyle kennen- und lieben gelernt. Mittlerweile lebt sie mit ihrer Tochter in Hamburg. Mit Anfang dreißig ereilte sie ein schwerer Schicksalsschlag. Diagnose: Brustkrebs. Die Konfrontation mit dem Tod und all die Menschen, die Marie während ihrer Chemotherapie kennenlernen durfte, haben dazu beigetragen, dass ihr psychologischer Background zu ihrer Passion wurde. Nun ist es ihre Mission, all ihr Wissen über die mentale Gesundheit auf ihrem Instagram-Account @mind.corner zu teilen, wo sie monatlich etwa 1 Million Menschen dabei begleiten darf, an ihrem Mindset zu arbeiten.

IMPRESSUM

QUALITÄTS G|U GARANTIE

LIEBE LESERINNEN UND LESER,

wir wollen Ihnen mit diesem Buch Informationen und Anregungen geben, um Ihnen das Leben zu erleichtern oder Sie zu inspirieren, Neues auszuprobieren. Wir achten bei der Erstellung unserer Bücher auf Aktualität und stellen höchste Ansprüche an Inhalt und Gestaltung. Alle Anleitungen und Rezepte werden von unseren Autoren, jeweils Experten auf ihren Gebieten, gewissenhaft erstellt und von unseren Redakteur*innen mit größter Sorgfalt ausgewählt und geprüft.

Haben wir Ihre Erwartungen erfüllt? Sind Sie mit diesem Buch und seinen Inhalten zufrieden? Wir freuen uns auf Ihre Rückmeldung. Und wir freuen uns, wenn Sie diesen Titel weiterempfehlen, in Ihrem Freundeskreis oder bei Ihrem Online-Kauf.

Sollten wir Ihre Erwartungen so gar nicht erfüllt haben, tauschen wir Ihnen Ihr Buch jederzeit gegen ein gleichwertiges zum gleichen oder ähnlichen Thema um.

KONTAKT ZUM LESERSERVICE

GRÄFE UND UNZER VERLAG
Grillparzerstraße 12
81675 München
www.gu.de

GRÄFE UND UNZER

Ein Unternehmen der
GANSKE VERLAGSGRUPPE

Postfach 860366,
81630 München

G|U

GU ist eine eingetragene Marke der GRÄFE UND UNZER VERLAG GmbH, www.gu.de

ISBN 978-3-8338-8766-6
3. Auflage 2024

Projektleitung: Anja Schmidt
Lektorat: Silke Panten
Bildredaktion: Simone Hoffmann
Umschlaggestaltung und Layout: ki36 Editorial Design, Daniela Hofner und Katja Wohnrath
Herstellung: Renate Hutt
Satz: Christopher Hammond
Reproduktion: Longo AG, Bozen
Druck und Bindung: Florjancic tisk d.o.o., Maribor

Umwelthinweis: Nachhaltigkeit ist uns sehr wichtig. Der Rohstoff Papier ist in der Buchproduktion hierfür von entscheidender Bedeutung. Daher ist dieses Buch auf PEFC-zertifiziertem Papier gedruckt. PEFC garantiert, dass ökologische, soziale und ökonomische Aspekte in der Verarbeitungskette unabhängig überwacht werden und lückenlos nachvollziehbar sind.

Bildnachweis:
Adobe Stock: S. 4, 11, 15, 16, 17, 27, 29, 31, 37, 52, 54, 57, 60, 62, 63, 65, 72, 73, 82, 87, 89, 91, 103, 108, 119, 123, 125; Maximilian Bartz: S. 126; Creative Market: S. 25, 47; Depositphotos; S. 18; Getty Images: S. 38, 43, 49, 75, 81, 85, 97, 101, 111, 112, 121, 123; iStockphoto: S. 2, 8, 13, 21, 23, 32, 35, 41, 44, 51, 59, 66, 69, 71, 77, 79, 93, 95, 99, 104, 107, 114, 116

Syndication:
www.seasons.agency